The Finance and Management of Universities in Japan

大学の財政と経営

丸山 文裕

東信堂

はしがき

　2008年（平成20年）の大学短大進学率は、55.3％と発表された。同年齢人口の半分以上の男女が、高等教育を受けることができる時代である。かつては限られた若い男子しか高等教育機会を享受できなかった。その時代に比べれば、高等教育は成熟産業であり、現在は高等教育の全盛期といわれてもおかしくはないはずである。しかし世の中では高等教育の発展が喜ばれるどころか、高等教育の氷河期と揶揄されることのほうが多い。その理由は、高等教育の規模拡大に伴った政府財政支出が思うように伸びないことと、他方家計の高等教育費負担が著しく重くなったことが挙げられる。政府財政逼迫は高等教育機関関係者に経営効率化を迫り、予算削減、人員削減が行われる。さらに18歳人口減少によって大学需要は縮小し、経営はますます困難になり、半分近くの私立大学が定員割れしているといわれる。この先行き不安感が、高等教育の世界を陰鬱なものにしているのである。

　その一方で大学や大学院の教育研究の質の向上を図り、日本の高等教育の国際競争力の強化が叫ばれる。高等教育の発展を通じて、経済を成長させ、国民の福利厚生を充実させることも要請される。大学への期待も依然として大きいのである。財政支出が停滞する中、高等教育の機能強化を図るという問題がある。この問題解決には、高等教育の財政と大学の経営がかかわっている。つまり高等教育の財源をどこからどのように確保し、大学はそれを教育研究の質の向上のために、どのように効率的に使用するのかという課題が解決されなければならない。

　本書はこのような高等教育の状況の中で、大学の財政、管理、経営を検討した。序章では、高等教育の財政財務と管理経営の最近の研究を整理し、以下の各章の研究上の位置づけを理解する助けとなるよう試みた。第1部では高等教育のファンディング、公財政支出の分析を行い、問題を整理した。日本の高等教育に対する公財政支出のGDP比が少ないことがしばしば指摘さ

れ、問題化している。ここではそれを検討する場合の論点について、データを用いて客観的に検討した。そして続いて、国立大学と私立大学の財政を検討した。

第2部では、2004年に行われた国立大学の法人化について論じた。まず国立大学の法人化制度とその問題を明らかにするため、日本の私立大学制度および複数のヨーロッパの大学制度、特にスカンジナビア諸国のそれとの比較分析を行った。また法人化後、国立大学も授業料設定にある程度の自由が与えられたが、その授業料について検討を加えた。

第3部では大学の経営と授業料の問題を扱った。日本の私立大学は収入の多くを授業料に依存している。私学は授業料値上げをしたいところである。しかし授業料値上げと学生募集はトレードオフの関係にあり、学生募集のために簡単に授業料を値上げできない。よって授業料設定の問題は今後の経営にとって鍵となる。また、大学経営の将来の資源との観点から学生支援の課題をまとめ、検討した。さらに第3部の後半では、アメリカの私立大学経営、資産管理、家計の教育資金について検討した。第3部は、講演や大学経営雑誌等に寄稿した論文が含まれているので、大学経営のノウハウや改善提案がなされている。第1部や第2部の客観的分析とはやや趣が異なっている。

本書は三つの特徴をもつ。一つは高等教育財政というマクロ分野と、大学経営というミクロ分野の双方を扱ったことである。大学経営は財政に影響され、財政もまた個々の大学経営の状況によってその政策が決められるなど、相互に密接な関係を持つ。そこで本書では、財政と経営を同時に扱うことで、それらの相互関連を明らかにすることを試みた。第2に私立大学と国立大学の双方を検討対象としたことである。大学に二つのセクターが共存することは、日本の高等教育システムの特徴である。それらも密接に関連している。例えば、私立大学は授業料を決定する際、国立大学の授業料を考慮してなされ、国立大学も私立大学の授業料水準を考えに入れて設定されると思われる。財政や経営の実態解明には、両者を扱うことが必要となる。最後に日本と欧米の大学を比較分析したことである。本書では、法人化問題を考える上で、主にスカンジナビア諸国の大学制度を検討した。そこでの大学は、日

本の国立大学の法人化以前の設置形態に近く、そこでの改革を検討することは、日本の法人化の問題を考えるうえで参考となる。また大学経営を検討するのにアメリカの私立大学経営を参考にした。本書のタイトルと内容に齟齬があり、扱うべきテーマが狭いと思われるかもしれないが、この点については拙著『私立大学の財務と進学者』『私立大学の経営と教育』(いずれも東信堂)の内容と合わせてご判断いただきたい。

　本書の読者として想定したのは、高等教育研究者、高等教育を学んでいる大学院生、学生、高等教育行政、政策に関与している方々、大学の管理経営に携わっている方々、などである。本書で扱っている個々の問題は、高等教育の現実問題のほんの一部に過ぎない。しかし本書がそれぞれの方の研究や実践の発展に、少しでも貢献できれば幸甚である。

目次／大学の財政と経営

はしがき　i

図表一覧　xi

序章　高等教育における財政財務と経営管理の研究　3
1. はじめに　3
2. 政府資金配分方式の変化　4
3. 個人配分方式への移行　5
4. 財政財務の研究　7
5. 経営管理の研究　9
6. 研究数の増加　11
7. 研究の曖昧化　13
8. まとめ　13

第1部　大学の財政

第1章　高等教育への公財政支出　17
1. はじめに　17
2. 高等教育投資　18
3. 公財政支出の国際比較　19
4. 公財政支出の時系列的変動　24
5. 1970・80年代の高等教育政策　29
6. おわりに　30

第2章　高等教育のファンディングと大学の授業料　33
1. 今後の高等教育財政　33
2. 公的私的ファンディング　34
3. 公的ファンディング政策の背景　36

4. 公的ファンディングと私的資金　37
　　5. プロジェクト助成と大学経営　39
　　6. 国立大学の授業料値上げ　40
　　7. 国立大学授業料の動向　42
　　8. 授業料の負担と支払方法　44

第3章　国立大学の財政と財務　47
　　1. 国立大学の規模と役割　47
　　2. 国立大学の財政　48
　　3. 運営費交付金をめぐる議論　49
　　4. 国立大学の施設整備の仕組み　52
　　5. 施設整備の現状　54
　　6. 施設整備の検討課題　55
　　7. 国立大学の財務　56

第4章　私立大学の財政　61
　　1. はじめに　61
　　2. 戦前の私学財政　62
　　3. 戦後の私学財政　63
　　4. アメリカの私立大学経営に学ぶ　64
　　5. 学生募集と奨学金　66
　　6. おわりに　67

第2部　国立大学の法人化と授業料

第5章　国立大学法人化と私立大学　71
　　1. 国立大学法人化の背景　72
　　2. 国立大学と私立大学の区分基準　73
　　3. 私立大学への接近：人事システム、財政構造　77
　　4. 法人化と私立大学の区別　78
　　5. 法人化の問題　82

 6．まとめ　84

第6章　日本とスウェーデンの国立大学改革　85
 1．はじめに　85
 2．日本の「目標による管理」　85
 3．中期目標・計画の画一化　87
 4．スウェーデンの目標と成果による管理　88
 5．日本の評価システム　89
 6．日本における政府管理　90
 7．財政システム　91
 8．評価による予算配分　92
 9．数値的と抽象的目標・計画　94
 10．政府権限の委譲　94
 11．まとめ　96

 第6章　**附論1**　フィンランドの高等教育　103
  1．福祉国家の維持　103
  2．大学制度　104
  3．ファンディング　105
  4．政府との関係　106
  5．課　題　106

 第6章　**附論2**　デンマークの高等教育の資金配分　108
  1．高等教育制度　108
  2．資金配分：タクシーメーター制　109
  3．管理経営　110

 第6章　**附論3**　ポルトガルの高等教育改革　112
  1．高等教育人口の拡大　112
  2．高等教育のファンディング　114
  3．ボローニア・プロセス　115

第7章　国立大学法人化後の授業料　117

1. 授業料の構造　117
2. 国立大学の授業料の変化　118
3. 運営費交付金と授業料　120
4. 交付金算定のインプリケーション　121
5. 授業料水準設定における検討要因　123

第7章 附論　東大の授業料をめぐる動き　133

1. 授業料免除　133
2. 授業料値上げ？　134
3. 格差問題　135

第3部　大学の経営

第8章　私立大学の経営環境　139

1. 二つの厳しい状況　139
2. 経営戦略の一貫性と組織性　142
3. 学費のレベルと徴収方法　143
4. 学生の教育とサービス　144
5. マネージメント　145
6. 経営困難大学　146
7. 学生へのセーフティネット　147
8. ソフトランディング　148

第9章　学生募集のための授業料と奨学金　149

1. 高等教育費の負担　149
2. 高等教育費の受益者　150
3. 日本の授業料水準　151
4. 国立大学法人化後の授業料　152
5. 学費多様化の現実　153
6. 学生募集と大学評価　156

7. 新学歴社会の到来　158

第10章　私学経営と授業料　161
1. 財務諸表の公開義務　161
2. 私大の授業料と教育コスト　162
3. 学生募集と大学評価　164
4. 経営組織体の競争　166

第10章 附論　学校法人の資金調達　168
1. 格付けの背景　168
2. 多様化の利点　169
3. 市場での資金調達リスク　169
4. 課　題　170
5. 大学の行方　171

第11章　学生支援サービス　173
1. 入学前の学生支援　174
2. 在学中の支援サービス　175
3. 卒業生への情報提供　175
4. 卒業生情報のメリット　176
5. 経費等の問題　177
6. 卒業生情報の管理内容　178
7. キャンパスの生活時間　178
8. キャンパス生活の充実　179

第12章　アメリカの私立大学経営　181
1. アイデンティティの確立　181
2. 学生募集　182
3. 教育重視大学　184
4. 財政と財務　185
5. 成長の六つの理由　186
6. もう一つの成功例：学長はスーパースター　187

7. 失敗例：アイデンティティの拡散　189

　　8. おわりに　191

第13章　アメリカの大学における基本財産管理　193

　　1. 基本財産の実態　193

　　2. 投資歴の浅い大学　194

　　3. 小規模大学の生き残り　195

　　4. 小規模大学の資産運用　196

　　5. 基本財産の使い方　196

　　6. 寄付キャンペーン　197

　　7. 透明性の確保　199

　　8. 投資委員会の役割　200

　　9. 日本の大学の寄付金　200

　　10. まとめ　201

　第13章　**附論**　日本の私学の資産管理　202

　　1. アメリカの大学の資産　202

　　2. 日本の大学の資産　203

　　3. 第三号基本金の重要性　204

第14章　アメリカにおける家計の大学教育資金の調達　207

　　1. 大学教育費用　207

　　2. 連邦政府の援助プログラム　208

　　3. 大学選び　209

　　4. 学費の計算　211

　　5. まとめ　215

参考文献　217

あとがき　221

索　　引　225

□図表一覧

表0-1	今後の高等教育研究		4
図0-1	高等教育在学者数		12
表1-1	教育の利益		19
表1-2	教育経費の分類		20
図1-1	高等教育投資：対GDP　2003年		20
図1-2	学生1人当高等教育経費　2003年		21
図1-3	学生1人当累積高等教育投資　2003年		22
図1-4	資本的支出の割合　2003年		23
図1-5	政府支出高等教育費：対GDP比		24
図1-6	公財政支出		25
図1-7	大学短大進学率：男女計		25
図1-8	学生1人当公財政支出：2000年価格		26
図1-9	教職員1人当公財政支出：2000年価格		27
図1-10	高等教育費の負担：対GDP比		27
図1-11	学生1人当高等教育費負担：2000年価格		28
表2-1	公的ファンディングと私的資金		37
表2-2	設置主体と助成方法		39
表2-3	国立大学の支出と授業料収入		43
表2-4	授業料10％上昇のケース		44
表2-5	授業料と奨学金		45
図3-1	国立大学法人等施設整備費予算額の推移		53
図3-2	国立大学法人等建物経年別保有面積		54
表3-1	国立大学の分類と学生数		57
表3-2	国立大学の分類別財務指標		57
表5-1	国立大学法人化の背景		73
図6-1	中期目標・計画のプロセス		86
表6-1	中期目標・計画の数値例		87

表6-2	OECDによる国の高等教育管理システムの類型	96
第6章附表	国立大学法人の中期目標・計画	98
図7-1	国立総合大学授業料学部別試算例	130
図8-1	大学法人の帰属収入：1法人当り	140
図8-2	大学法人の消費支出：1法人当り	141
図10-1	アメリカの高等教育コストの構造	162
表11-1	学生支援サービス	173
表14-1	大学教育費用の平均額	207
表14-2	連邦政府資金援助	208
表14-3	大学費用計算書	211
表14-4	家計支出可能額の概算の一部	212
表14-5	援助額と家計支出額の比較表	213
図14-1	大学教育費の負担と財源	215

大学の財政と経営

序章　高等教育における財政財務と経営管理の研究

1. はじめに

　20世紀末に始まった日本における高等教育改革の動きは、主として2つの背景を有している。一つは世界的な動向としての高等教育の様々な分野での市場化であり、もう一つは日本に特有な18歳人口の減少である。日本の高等教育は、市場化と18歳人口の減少によって新たな危機を迎え、高等教育改革が加速され(矢野，2001年)、そして高等教育研究も影響を受けることは、ほぼ認められているといえる(金子，1998年)。

　多くの国では、一方で高等教育人口の拡大によって、高等教育に投入される資金の拡大にせまられている。他方政府財政の逼迫によって、高等教育セクターに配分される公的資金は相対的に減少せざるをえない。この状況を解決する一つの手段は、高等教育機関が公的資金以外の資金を求め、学生、企業、個人などから資金を調達することである。これが市場化の一つの形である。しかし日本では、18歳人口の減少により、学生や親からの資金は、今後大きくは伸びが期待できない。よって企業や個人からの資金提供を求める一方、資源の効率的配分が、高等教育システム全体でも個々の大学でも求められる。そこで一層財政財務基盤の強化、新しい経営、効率的な管理の必要が生じ、その分野の新しい研究が求められるのである。本章では、高等教育の財政財務および経営管理について、ここ10年の研究の動向、背景、意義と今後の展開を検討する。

　個々の機関の財務、経営、管理のあり方に影響を与える高等教育の分野における財政や政策は、これまでもシステムレベルで研究され、特に戦後の高等教育政策については、着実に研究成果があげられて来た(大崎，1998年，小

表0-1 今後の高等教育研究

	機能	財政
システム	機能分化格差問題 質保証、評価	政府と家計の負担区分 システム内資源配分
機関	教授法、学習効果 質保証、評価	経営管理 資源獲得配分

林雅, 2004年, 天野, 2006年)。さらに上に示した理由から、新たに個々の機関の財務、経営、管理についても研究される必要もでてきた。研究は、たとえば高等教育システム全体や国立大学システムの資源配分の問題から、学内資源配分の問題への移行のように、システムから個別の主体に移っていく。**表0-1**は今後の高等教育研究の分野を単純化しまとめたものである。本章で扱うのは、システムや機関の財政分野であり、他の高等教育研究の分野と考えられる機能分野については、他の機会に改めて検討したい。

2. 政府資金配分方式の変化

大学教育はそれを受ける個人にだけ便益をもたらすのではない。大学での教育や研究は社会にも便益をもたらす。よってほとんどの社会で、国家政府は大学を財政的に支援する。大学が個人によってのみ財政的に支えられている社会はない。その支援の方法には二つ考えられる。一つは政府が大学に資源を配分し、直接的に支援する方法である。大学はその資源を利用し、教育や研究を行う。政府からの資金援助が十分大きければ、そこに学ぶ学生の授業料は無償もしくは低廉である。学生は大学を通して政府から資金援助を受けることになる。また教員は政府もしくは大学に雇用され、政府や大学から給料を支弁され、将来社会に有用となるであろう学生の教育を行う。

そして研究面では教員は、政府が大学に配分した資金によって研究を行う。政府は教育研究に必要な施設設備を用意する。政府や大学は人的物的資源を長期間にわたって自らのものとして保有している。このように政府が大学を社会的便益を生み出す公共財であることを認め、大学に直接資源配分する方法を大学配分方式と呼んでおこう。この配分方式では、政府財源が許す限り、

大学に資源が配分され、また大学に配分される額について毎年どう決まるかは明確な規準があるわけではない。その理由は、社会的便益が具体的に正確に計算できないことによる。またそれが可能であるとしても、政府財政に限りがあれば、配分はその制約内で行わざるをえない。

政府が大学教育を公共財として認めても、直接大学に資源を配分するのではなく、大学教育を受ける学生や、大学で研究を行う研究者に資源を配分するもう一つの方式もある。この方式は、個人配分方式ということができる。政府は大学教育を受けたいと願う学生に、例えば奨学金という形で資金援助する。学生はそれによって大学教育に必要な授業料や、その他費用を賄うのである。この方式の一つの形は、大学進学希望者に前もって資金援助を約束し、進学先の大学を個人の選択にまかせるものである。近頃公立学校の選択制で話題となっているバウチャー制は、この方式の初等中等教育版である。このバウチャー制では、親はバウチャーを与えられ、親が選択した学校へ子どもを行かせる。学校は集めたバウチャーの量によって資源を配分される。よって学校は子どもを通じて政府から資金を配分される点で、政府から予算配分されるといっても個人配分方式と変わるところはない。

個人配分方式では、研究者も大学からではなく、政府から資金を得て研究を行う。研究者は必ずしも大学に長期にわたって雇用されるわけではない。研究者にとって大学は一時的に当面の研究を遂行する場所に過ぎない。個人配分方式の極端な形では、研究者は政府から研究費を獲得し、そこから給与を得て、また他の研究者や研究補助者を雇い入れる。大学からは給与を得るわけではなく、研究施設も与えられず、むしろ大学から研究するため必要な研究施設設備を借りる。その賃料として大学に間接経費、オーバーヘッド、スペースチャージなるものを支払う。

3. 個人配分方式への移行

以上のように大学配分方式と、個人配分方式という二つの政府資金の配分方式の極端な形を挙げた。どちらの方式がとられるかは、国によって、歴史

によって異なるが、大学教育を受ける学生が少なく、また社会に存在する大学数が少なく、そして政府財政に占める大学への支出が少ないと、大学配分方式が取られやすいであろう。授業料が無償であるドイツ、スカンジナビア諸国の大学制度がこれに近い。日本の国立大学も、戦後長い間授業料低廉化政策をとっていたが、この方式に近いかもしれない。

アメリカでは学生が、連邦政府の奨学金や州政府の奨学金を受給して、大学教育費用を確保することは、珍しいことではない。この点でアメリカは、学生については個人配分方式に近いといえる。また研究者についても、研究者は連邦政府の提供する財源などから研究費を得て、それを元に研究を行う。研究に必要な人件費、物件費を連邦政府資金から支払い、大学にも間接経費を支払う。連邦政府の研究費には、研究費の50％以上時には70％もの間接経費を認めることもある。これらは特に医薬生物系、理工系の研究分野でいえることであり、個人配分方式に近いといえる。

さて日本では政府の大学への資金配分は、大学配分方式から個人配分方式に移行しているといえる。国立大学では今後、各大学法人に付与される運営費交付金の減額がなされるが、他方研究者個人や複数の大学にわたる研究者グループへの科学研究費補助金の額は上昇している。また競争的資金であるCOEプログラムは、大学よりも研究者個人や研究グループに与えられるものである。また特色GPをはじめとする各種GPプログラムも、特定の取り組みに与えられるもので、大学に与えられるものではない。つまり一つの研究が示すように国立大学の研究費配分は、特定目的化と競争化の傾向を挙げることができ（阿曽沼，1999年）、個人配分方式に近くなってきたといえる。私立大学についても、一律的平等的私学補助金の配分から、特別補助の割合が増えている。2007年度予算では、私学助成が減額され、その分は科学研究費補助金の間接経費分で私立大学に配分される額にほぼ等しい。

学生の教育についても日本学生支援機構の事業費は年々上昇し、学生個人に対する奨学金額も増加している。またかつて日本では私立でも国立大学でも、一旦大学に雇用されると本人の申し出のない限り、定年まで大学教員は長期間大学に雇用されていた。しかし最近では任期つき教員の採用も珍しく

はなくなった。COE研究員など任期つき採用は、研究者が当該の研究が終了すると他の機関に移動するという形態に近い。

それらの動きを高らかに宣言したのが、2005年1月に出された中央教育審議会大学分科会の答申「わが国の高等教育の将来像」である。それは次のように指摘している。(財政的措置は)「高等教育機関が持つ多様な機能に応じた形に移行し、機関補助と個人補助の適切なバランス、基盤的経費助成と競争的資源配分を有効に組み合わせることにより、多元的できめ細やかなファンディング・システムが構築されることが必要である。これにより、国公私それぞれの特色ある発展と緩やかな役割分担、質の高い教育・研究に向けた適正な競争が目指されるべきである」。

また2006年3月に閣議決定された第3期科学技術基本計画では、「我が国全体の政策の視点として、ハード面でのインフラ整備など『モノ』を優先する考え方から、科学技術や教育などの競争力の根源である『人』に着目して投資する考え方に重点を移しつつある(「モノから人へ」)。科学技術政策の観点からも先にインフラ整備ありきの考え方から、優れた人材を育て活躍させることに着目して投資する考え方に重点を移す」と述べられている。このように施設に関してもモノから人へ、機関から個人の重視にシフトされている。

市川はこれらの資金配分のシフトを、機関に対する財源保障や経営支援から、政府の推進する高等教育政策の手段へと高等教育財政の役割変化として、とらえている(市川, 2006年)。

4. 財政財務の研究

このように資金配分方式がシフトしていることを踏まえて、以下では高等教育における財政・財務の研究動向と、今後の研究課題を整理してみる。先の表に示したように高等教育の財政・財務の研究は、システム全体を分析単位とするマクロレベルと、機関を分析レベルとするミクロレベルに分けることができる。単純化して述べるなら、研究はマクロレベルから始まり、次第

にミクロレベルに進んでいくということができる。また設置者別には、私立大学ばかりでなく、国公立大学の財政・財務問題の検討がなされるようになる。

　これまでの大学配分方式の下では、高等教育全体を対象としたマクロなレベルの財政政策の研究は、私学助成など限られた分野で行われていた。これまで私立大学では学生数の拡大によって、財政基盤の確立をはかってきたが、18歳人口の減少するなか、すべての機関がそれを行うことは難しい。また収入増加策として授業料の値上げであるが、これについても家計負担がすでに大きくなっており、経済状況がよほど好転しない限り困難である。さらに政府の私立大学への財政支援の伸びが期待できないのであれば、私立の高等教育機関は、収入を他の財源に求め、ムダな支出を削減し、財政基盤を強化しなければならない。このような時代、高等教育機関の財政財務の問題は多岐にわたり、この分野での研究範囲の拡大が必要となろう。

　私立大学の財政財務についての研究は、文部省「私立学校の財務に関する状況調査」などの集計データを用いて始められた（丸山，1999年）。その後それは個別大学データを使用し、より詳細な分析が行われている（濱中・島，2002年）。これらの研究は経常収支を扱うフローの分析であるが、それだけでなく、ストックの分析も始められた。日本の学校法人会計基準に特徴的に規定された消費収支計算と基本金制度が、学校法人の資産形成に大きな助けとなり、私立大学の経営の安定化に貢献し、さらには高等教育の量的拡大に寄与したことを指摘した研究もなされている（渡部，2006年）。

　高等教育の財政財務研究が、私立大学を対象にして行われてきたことは、私立大学の財政基盤が脆弱なことを考えれば当然であった。しかし2004年国立大学が法人化され、国立大学も毎年財務諸表を公表し、経営効率を向上しなければならず、国立大学の財政財務研究も行われなければならない。法人化後、民間の経営方法の導入がはかられ、企業会計に近い国立大学会計基準による財務管理がなされるようになったので、それにより派生する国立大学法人の問題を検討する研究もすでに行われている（山本清，2004年）。

　大学配分方式から個人配分方式にシフトし、また国立大学が文部科学省か

ら独立した経営体となると、施設整備費がいつまでも国から支弁されるとは限らない。国立大学の施設整備をだれがどのように行うかが問題となる。高等教育の資本的支出についての研究は、見落とされがちであり、これまでほとんどなされてこなかった。今後この分野の研究が必要となる。その一つとして国立大学の施設の老朽化、狭隘化問題がある。それを解消すべく新たな方策が検索され、例えば国立大学の施設整備にPFIが活用されるようになったが、それについての研究もなされるようになった（水田，2006年）。これについては、10年前には高等教育の研究分野として考えられなかったものである。

マクロな研究には高等教育財政及び政策問題があるが、財源、国立私立などセクター間資源配分、費用負担の問題がこれまで検討されてきた。高等教育機関の使命をどう達成するか。高等教育機会をどのように提供するか。費用負担をどう区分するか。どのように公的援助するか。設置者別分野別機能別など配分基準をどうするか。そのために高等教育システムへの財政基盤をどう確立するか。奨学金のあり方をどうするか、等検討課題は多い。

ミクロな問題には、個々の大学の財務、収入、支出、学生数、授業料、学生募集など問題がある。これまではマクロとミクロの問題は別個になされてきたが、これらを融合した研究も必要となろう。例えば高等教育の機会均等や費用負担と大学経営の接点がそれである。これまでは、これら三つの問題は、別個に検討されてきたが、それを同時にとらえるようになり、授業料・奨学金制度の問題が検討されている（芝田，2006年）。また大学生の親の経済的負担を分析した研究もある（島，1999年）。

5. 経営管理の研究

高等教育機関の経営管理を検討するには、まずもって高等教育機関の設置形態を議論しなければならない。日本ではこれまで大学を設置できるのは、国、地方公共団体、学校法人であったが、一部株式会社にも認められ2007年初めの時点で6校が開校している。この設置形態及び管理組織については

今後も研究する必要がある。

　OECD諸国の高等教育機関の管理運営形態はさまざまである。ヨーロッパでも大学教育のマス化に伴って従来の機関の管理運営形態が変化せざるを得なくなり、それについての検討が始められている(OECD, 2005)。アメリカでは、私立大学は法人格を有するが、州立大学は州によって法人格の所在が異なり、管理の方法もさまざまである。一つの大学が独立した法人格を有する場合もあるし、システムに法人格が与えられる場合もある。管理運営のあり方は早くから研究対象として議論されてきた。最近の研究には理事会、学長、州の監視などを扱った研究もある (Ehrenberg, 2004)。

　国立大学に比べ私立大学の財政基盤は脆弱である。よってその弱い財政を補助する管理運営組織のあり方は、私立大学のほうが国立大学に比べてもっと議論されてしかるべきである。しかしこれまで高等教育需要が大きいため、私立大学の財政の脆弱さが隠蔽されてしまい、それはあまりなされてこなかった。その中で日本の私立大学が、どのように拡大してきたかを学校法人の管理組織、経営行動に注目し行った研究もあるが (荒井, 2006年)、私立大学の経営組織の独自性が見られず、むしろ私立大学の経営組織と国立大学のそれとの類似性も見られるという指摘もなされる (絹川, 2002年)。

　国立大学の組織運営は、大学の自治や教授会の自治をめぐる議論を別とすれば、ほとんど注目されてこなかった。しかし法人化を契機に組織管理の問題が注目されてきた (本間, 2002年)。また大学が経営体となるべく法的整備も行われた。1999年5月には学校教育法、国立学校設置法、教育公務員特例法が改正され、学長及び学部長の権限強化、運営諮問会議の設置、評議会の審議事項の拡大と教授会の審議事項の限定などが行われた。2001年6月には国立学校設置法改正により講座制の廃止が行われた。国立大学法人法、2004年5月に私立学校法が改正され、理事制度、監事制度等の改革がなされた。

　このような状況の中で誰が最高決定権を持つのか。どのような管理運営組織をとるのか。さまざまな意思決定はどこで行われるのか。国立大学の役員会、経営協議会、教育研究評議会は、どのような機能を有するのか、また機能するのか。検討する課題は多い。また公立大学の管理についても検討され

ているが(天野智, 1999年)、さらに深められる必要もある。絹川論文、本間論文は前者が私立大学の、後者が国立大学の権限と責任の不明確さ、特に学長のそれについて指摘している。両論文は経験者として問題点を明確化しているが、今後はこの分野においてより詳細で理論的実証的な分析が待たれる。

　大学が経営組織体となり、大学組織も市場対応型にならざるを得ないため、大学にも新しい経営能力をもった人材が求められる(潮木, 2002年)。よってこれからは、学長のリーダーシップのあり方や、大学職員の養成も検討すべき課題となる(山本眞, 2002年)。国立大学財務・経営センターが、2006年3月に全国の国立大学学長および理事に実施した質問紙調査結果によれば、職員の専門性の欠如および法律・法規関係での職員の人数・能力不足が明らかとなった(国立大学財務・経営センター, 2006年)。経営組織、人材養成、リーダーシップなどの研究が今後必要となろう。

　さて大学は、これまで専門分化した学問分野を軸に組織されてきた。そこでの知的生産活動はモード1と呼ばれる。しかし知識の生産活動は超領域的または学融合的になり、大学と社会の境界領域も明確ではなくなる。このモード2では、産学連携が重要な要素となり、大学はそれを推進するための組織作りも必要となる(小林信, 2001年)。しかしこの分野の研究は、組織面でも財政面でもほとんど行われていない。

6. 研究数の増加

　1971年にすでにアメリカ高等教育の進学率は50％を超えていた。その頃書かれたトロウの著作にはそれが以下のように述べられている。「制度がさらに発展してユニバーサル段階に近づくと、巨大化する教育費が財政的な責任をいっそう重いものにし、また、より精緻な計画された管理運営方式を求める圧力が強くなっていく。大学は、システム・アナリストやエコノミストなど予算計画の知識を持った専任の専門スタッフをますます多く雇い入れるようになる。この段階になると、大学の管理運営の合理化はさまざまな問題を生み出す」(トロウ, 1976年)。

また、1972年のOECD教育調査団の報告書にも、次のように日本の大学について同様な記述がある。「新しい大学法人の管理には、高度の専門性をもった管理者が必要である。大学の管理は、文部省からの短期間の出向ではすまされず、それ自身独立した一つの専門的職業となる。それにともなって大学間での管理者層の交流もまた、できる限りはかられることになるだろう」(OECD教育調査団，1972年)。

　図0-1は日本とアメリカの高等教育在学者数の1948年からの推移を示したものである。上の線がアメリカ、下が日本である。アメリカの人口は日本の約2倍であるので、日本の線を2倍するとより妥当な比較が可能となる。それによるとアメリカの高等教育人口の伸びが日本のそれよりかなり大きいということができる。ところで両角はアメリカ高等教育における組織・経営についての研究動向を整理し、その分野の研究数をカウントしている(両角，2001年)。両角の示した「アメリカにおける大学組織、経営に関する発行図書数の推移」を表すグラフを見れば、それがここで示した高等教育在学者数とほぼ相似形であることが分かる。つまり在学者が増加すれば、組織、経営研究も増加するといえる。高等教育の経営管理の研究は、日本ではこれまでそれほどなされてはいない。しかし高等教育人口がさらに拡大すれば、トロウ

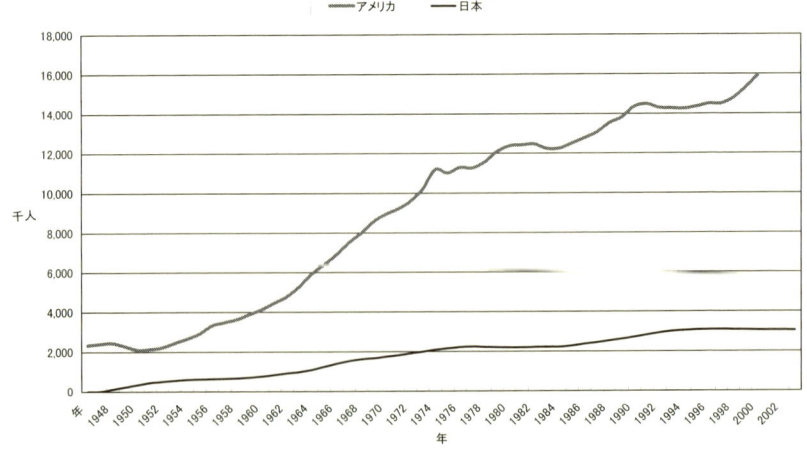

図0-1　高等教育在学者数

やOECDが予測したように大学の経営管理は専門職の行う仕事となり、日本でも今後、経営管理についての研究が要請され、活発になることが予想される。

7. 研究の曖昧化

大学は証券会社、銀行、経営コンサルタントなどの注目するビジネスターゲットとなりつつある。学校法人の資産運用、合併買収、経営管理コンサルタントがビジネスとなる。シンクタンクや証券会社は、私立国立大学経営者を対象に大学経営セミナーを実施し、大学経営ノウハウ書を出版し、また監査法人は大学会計基準の解説を行い、公認会計士も大学経営者に大学財政財務を講義する。今後この分野では研究と解説が区別しにくくなるであろう。研究、実務、情報の区別が曖昧になり、そしてよい悪いは別として、研究のための研究ではなく、経営管理に直接応用できる仕事が進められることは避けられない。財務の健全性の追求、大学の使命達成戦略、使命達成に財務はどうあるべきか、財務の効率性、法人化の改革が意図した結果をもたらすのか、意図せざる結果をもたらすのか、改革にはどんな問題が隠されているのか、などが研究と実用ノウハウとの共通課題となる。

8. まとめ

政府の高等教育への資金配分は、機関配分方式と個人配分方式がある。機関配分方式では、大学は政府から資金を受け取り、それで教育研究を行う。個人配分方式は、研究者もしくはプロジェクトチームが政府から資金を受け取る。日本では機関配分方式から個人配分方式にシフトしている。この状況で、本章では高等教育の財政財務および経営管理の研究動向を整理した。この研究分野は、政府財政の逼迫と18歳人口の減少の時代に、教育と研究の質を維持する国立私立大学の双方に重要である。

第1部　大学の財政

第1章　高等教育への公財政支出

1. はじめに

　2007年政府の経済財政諮問会議では、大学・大学院の国際競争力を高めるため、研究予算の配分を評価に基づくそれにシフトし、国立大学運営費交付金の配分ルールも大学の努力と成果に基づくように変更することを議論している。

　また官邸直属の規制改革会議は、経費の効率的配分のため、国立大学の運営費交付金や私学の経常費助成を、学生数に基づいて配分する案を2007年4月にまとめた。学生の獲得競争によって大学間の競争意識を高め、教育研究の質を高める目的という。さらに財務省は2007年5月、国立大学の運営費交付金配分の見直しの考えを示し、競争原理を導入して成果主義によって配分した場合の試算を行っている。以上一連の動きは、政府の高等教育への支出の伸びを抑え、経費の効率的な使用を目指しているものと考えられる。

　他方中央教育審議会大学分科会および教育振興基本計画特別部会では、2007年4月、大学の教育研究の質的向上や国際競争力強化のために、高等教育に対する公財政支出を増加させるべきであるという考えを明らかにしている。2007年5月には教育再生会議が、国立大学への運営費交付金の削減という政府方針に対して、これを見直し大学、大学院での教育に重点を置いた財政措置を求めるということを表明した。これに先立って国立大学協会では、2005年3月報告書「21世紀日本と国立大学の役割」において、国際的に見て日本は高等教育への政府支出が低いことを論じている。

　また公財政支出を私学に対しても拡大し、国立大学と私立大学が平等な立場で競争する機会や環境を作る「イコールフッティング論」も、私立大学団

体連合会や私立大学協会など私学団体でも主張されている。2007年5月新聞紙上で、有名私学の長が私学助成を現行の3倍9,000億円にすべきと主張している。その根拠は、国立大学の運営費交付金の半額6,000億円が学生の教育経費とすると、私学の学生数はその3倍であるから、私学に国立並みの財政措置を講ずるなら1兆8,000億円となり、私学振興助成法の2分の1助成の9,000億円が私学助成となるというものである（日本経済新聞2007年5月14日教育欄）。

このように政府の高等教育への財政支出を抑えて、効率化をはかる主張や他方それが少なく、これを増加すべきであるという議論もなされている。本章では、高等教育投資、特に公財政支出についての問題を整理し、データを用いて日本の高等教育への公財政支出をさまざまな角度から検討する。そして何が問題なのか、何を考慮に入れてこの問題を考えなくてはいけないのかを明らかにし、高等教育投資のあり方の論議に知見を提供したい。

2. 高等教育投資

教育には消費の側面と投資の側面がある。教育を受けることが楽しいというのは消費の側面である。将来の利益を期待して現在教育を受ける行為は、投資の側面である。

政府が高等教育に投資するのには、主に二つの理由からである。一つは経済成長である。経済成長に必要な人材の育成や、研究開発を促進するために、大学教育研究に政府資金を注ぐ。もう一つは、社会的公正の達成である。高等教育機会は能力あるものすべてに平等であるべきというのは、現代民主社会ではコンセンサスである。そのため政府は大学教育の機会を拡大し、貧困家庭出身者でも大学にアクセスできるような財政的措置を講ずる。アメリカで高等教育人口が拡大した1950～60年代には、共和党が経済成長を目的とし、民主党が高等教育機会の平等の達成を目指して、高等教育投資拡大を主張した。

高等教育に投資するのは、政府ばかりではない。家計もそれを行う。その

表1-1 教育の利益

	金銭的	非金銭的
個人的	生産能力、賃金の向上（労働市場）資産運用、賢明な消費活動（家計の生産）	快適な労働条件、教育の消費的価値の享受、結婚、子育て、健康、余暇、パーソナリティ、価値などでのアドバンテージ
社会的	国際競争力の強化、経済成長、国民所得の上昇	平等社会の実現、健康、感染症の防止、犯罪減少、環境向上、望ましい消費性向、快適な市民生活

出典：丸山，2002年，p.141

理由は投資することから生ずる便益があるからである。政府の便益は社会的なもので、家計の便益は個人的なものである。それを整理すれば**表1-1**のようになる。教育を受けるには費用がかかるが、将来利益がある。教育費負担を受益者に求めれば、個人的な利益を生み出す教育費は個人の負担にし、社会的な利益を生じさせる教育費は、政府の負担であるべきであろう。しかしその負担区分の計算は、困難である。例えば経済成長のうちどのくらいが教育の貢献分であるかを測定し、それが社会にどれだけ利益をもたらしたかを計算し、それによって政府の教育費負担を決定することは技術的に不可能に近い。さらに教育には表1-1のように金銭的利益ばかりでなく非金銭的利益があるので、これを考慮したら政府と家計の教育費の負担区分の計算はほとんど不可能である。

3. 公財政支出の国際比較

教育にはいろいろな経費が必要である。教育を受ける側は、授業料、教科書代、通学費などが必要である。また教育を供給する側は、学校建築費、教職員人件費、図書費、光熱費等がかかる。これらは直接経費であり、他には就学中の放棄所得である間接経費もある。このうち直接経費についてOECDでは、それを**表1-2**のように整理している。それは、教育機関とそれ以外に発生する経費を分けている。また教育研究経費の他にその他サービスも含めている。このうち教育機関経費と機関外経費に占める政府負担は、①＋②＋④＋⑥＋⑧＋⑪である。他方民間の負担は、③＋⑤＋⑦＋⑨＋⑫である。

表1-2　教育経費の分類

	教育機関経費（学校、大学、教育行政、学生厚生サービス）	教育機関外経費（教育サービスの購入、塾など）
教育経費	①教育機関の公的教育支出	⑧教材の私的支出への公的補助
	②私的教育支出への公的補助	⑨参考書、塾など私的支出
	③授業料の私的支出	
研究開発経費	④大学での研究への公的支出	⑩
	⑤企業からの研究資金	
教育以外のサービス経費	⑥給食、通学費、寮などへの公的支出	⑪生活費通学費の私的支出への公的補助
	⑦サービスに対する私的支出	⑫生活費通学費の私的支出

出典：OECD, *Education at a Glance: OECD Indicators*, 2006, p.168.

　2006年発表されたOECDの統計によれば、図1-1に示すように2003年の日本の国内総生産に対する高等教育投資額は、1.3であり、これはOECD加盟30ヶ国の平均1.4とほぼ変わらない。しかし公財政支出は0.5と最低値である。私費負担は0.8と、韓国、アメリカ、カナダについで、オーストラリアと並んで4番目である。つまり日本の高等教育投資は、私費負担に大きく依存しているといえる。国際的に見れば、日本の公財政支出は最低レベルである。この点については、高等教育関係者がしばしば指摘してきた。

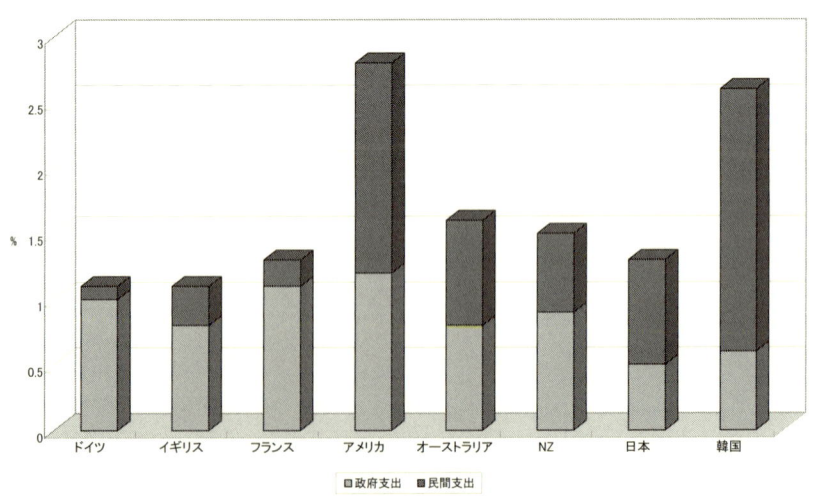

図1-1　高等教育投資：対GDP　2003年

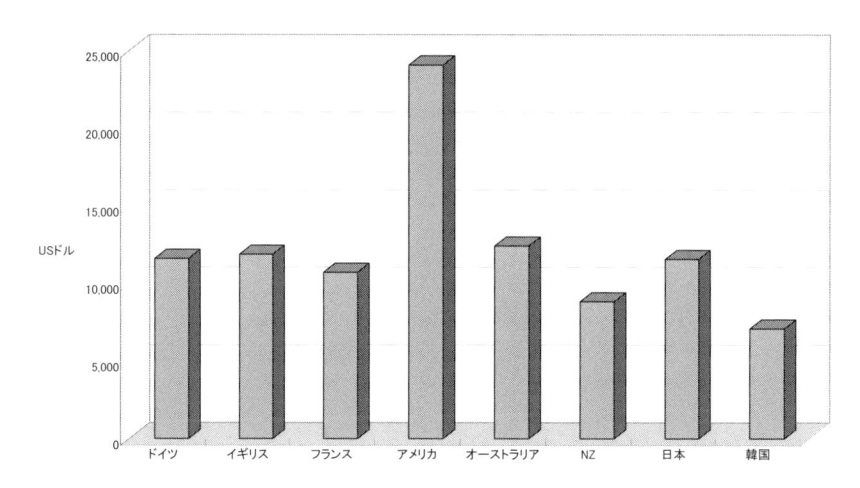

図1-2 学生1人当高等教育経費 2003年

　公財政支出のレベルは低いが、民間支出が高いため、GDPに対する投資の比率はOECDの平均レベルとなる。イギリス、ドイツの投資は、何れも1.1と日本よりも少ないが、対GDP公財政支出は日本よりも多い。フランスの投資は1.4と日本とほぼ同じであるが、公財政支出は日本よりも多い。イギリス、ドイツ、フランスの公財政支出は、日本のそれの2倍といえる。

　図1-2のように、日本はGDPに対する高等教育への公財政支出が少なくても、学生1人当りの経費はOECD諸国の中では平均の年12,000ドルであり、決して低いわけではない。アメリカは日本の2倍の24,000ドルである。日本は、ドイツやイギリスとほぼ同じで、フランスよりも多い。対GDP比の高等教育投資で高い値を示した韓国は、この指標については約7,000ドルと低い。日本とドイツは学生1人当り高等教育経費は、ほぼ同じであるが、OECDの指摘のように、図1-3に示すようにドイツのほうが高等教育在学年数が長いので、累積的な学生1人当り経費はドイツのほうが高くなる。在学年数5.4年のドイツに対して、日本は4.1年であり、ドイツの累積額は62,187ドルに対し日本は47,031ドルである。イギリスも日本より多くなる。高等教育の質から見て、日本はこの点において劣ると見るか、効率的に大学卒業者を輩出しているとみるか、これについてはより詳しい検討が必要である。

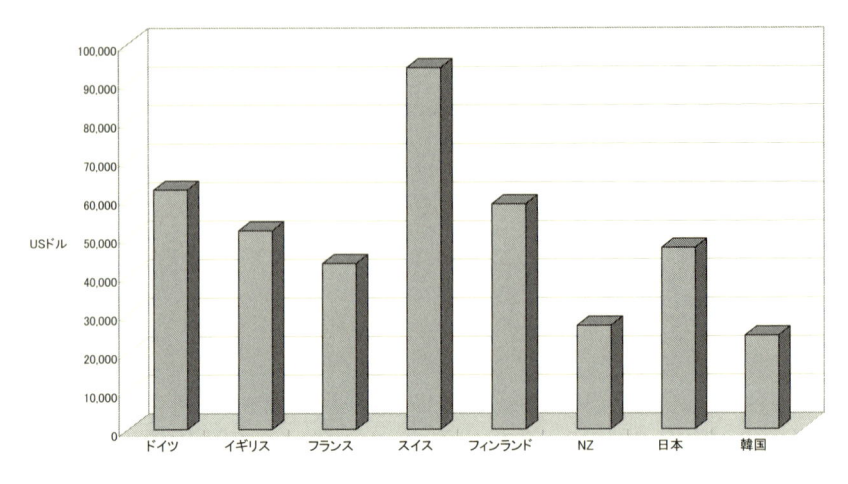

図1-3 学生1人当累積高等教育投資 2003年

　対GDP比での高等教育投資の違いは、人口構成、在学率、1人当り所得、教員給与水準、教育組織や学習形態、社会的優先事項および私的優先事項としての高等教育のあり方などによってもたらされる。

　アメリカと韓国は、総人口に占める15歳から19歳人口の割合が、それぞれ7.0％と8.0％と日本の6.0％より高いので、高等教育投資が大きくなる可能性がある(1999年)。また学習形態も日本と異なる。韓国は18歳から21歳の高等教育在学率は、51.4％であるが、22歳から25歳でも26.2％、26歳から29歳でも5.8％である。アメリカは18歳から21歳35.9％、22歳から25歳18.5％、26歳から29歳10.9％と高い。これらが高等教育への投資額を高めていると思われる。両国は大学院教育の充実もあるが、軍隊経験後の大学進学が22歳以上の在学率を高めていると推測される。アメリカでは復員兵(war veteran)に対する進学助成が第2次大戦後から現在でも続いているが、これは高等教育投資だけでなく、防衛費や失業対策費としても解釈できる。先に見たように、ドイツのように在学年数が長く、大学卒業が比較的高い年齢になるような学習形態をとるところでは、高等教育人口に比べて教育費が高くなる。

　高等教育への公財政支出は、多ければよいというものでもない。高等教育

費に占める公財政支出依存度が大きいと、高等教育進学者のみに教育サービスの恩恵があり、非進学者がそれを受けない可能性が生じ、社会的公正の点から問題となる。非進学者が何らかの補償を受けられるシステムが別途必要と思われるが、それについて実施している国は不明である。また私立機関の設立が許可されず、公的資金によってのみ高等教育が運営されているところでは、それが高等教育人口拡大の妨げになるところもある。

　国民の高齢化が進むと、社会保障費が増額し、高等教育の対GDP比が少なくなることも考えられる。また経済規模の大きい国では、対GDP比が少なくても総額自体は大きくなる。またそのような国では規模と範囲の経済が生ずる可能性があり、経済規模の小さな国よりも、効率的な投資がなされる可能性がある。そして高等教育人口の拡大が、比較的早い時代に起こった国と遅く始まった国では、ストックとフローの支出に違いが出る。累積的な投資額の比較も必要であるが、これはなかなか困難である。

　各国の高等教育投資は、額が異なるばかりでなく使途も異なる。日本よりGDPに対する割合が高いアメリカは投資内容が異なる。図1-4のようにアメリカは日本より高等教育経常費の割合が高く、資本的支出の割合が低い。建物などの新設が必要な国と、そうでない国との違いかもしれない。ストック

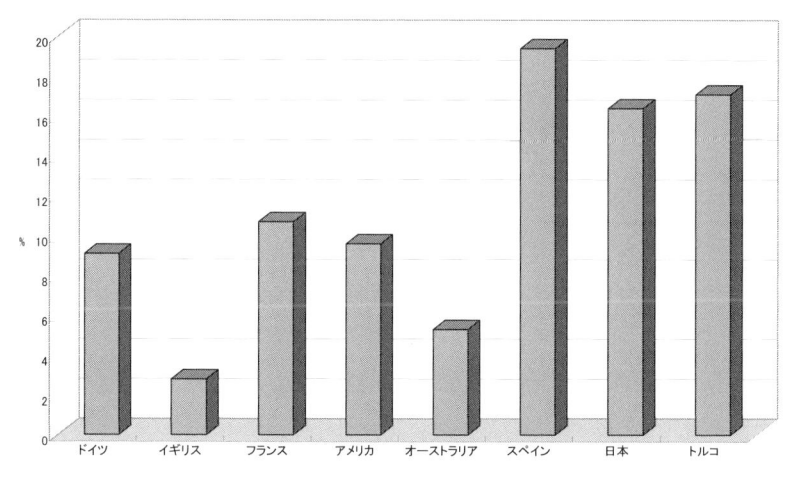

図1-4　資本的支出の割合　2003年

がすでに充実している国では、フローの支出が少なくても少ない高等教育投資によって、同じ教育効果を得られる可能性もある。データが利用できるOECD加盟国で資本的支出が日本以上なのは、ギリシャ、トルコ、スペインだけである。ただし経常費と資本的支出の割合は、日本でもそうであるが、年度によってバラツキがあるので単年度だけの数値によって、判断すべきではないことはもちろんである。

　子どもを私的負担によって大学進学させる親は、自分の子どもだけの教育費を支払っていると思いがちであるが、資本的支出が多い国では、次世代の子どもの教育費を支払っていることになる。

4. 公財政支出の時系列的変動

　図1-5に示すように、日本の高等教育への対GDP比公財政支出は、1960年には0.35であった。現在の水準0.4は、時系列に見ると1970年代前半とほぼ同じである。その後1975年あたりから上昇し、1979年にピークの0.58となった。しかしその後1990年まで毎年下がり続け、1991年からは微増といっ

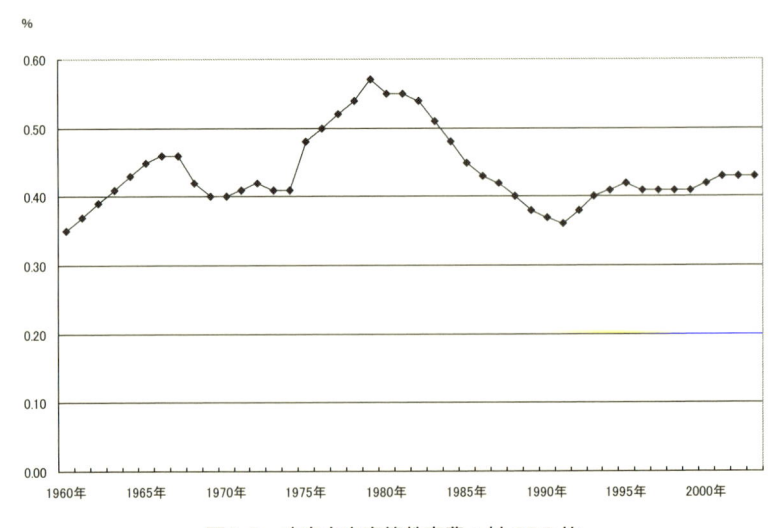

図1-5　政府支出高等教育費：対GDP比

十億円

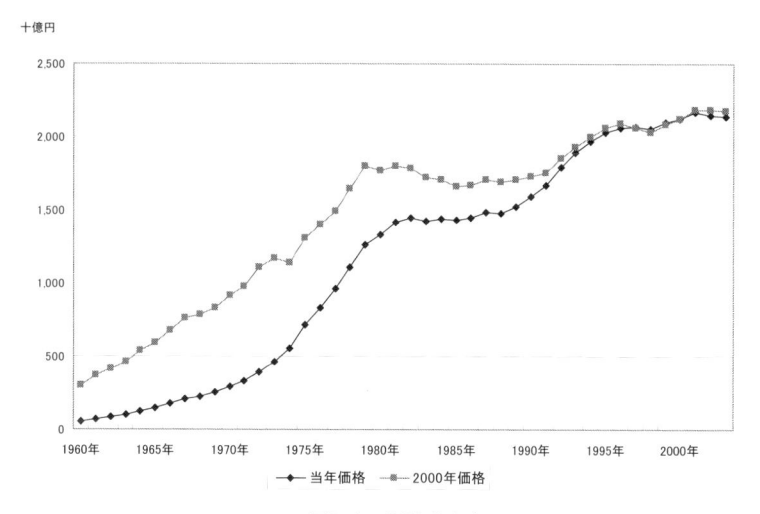

図1-6　公財政支出

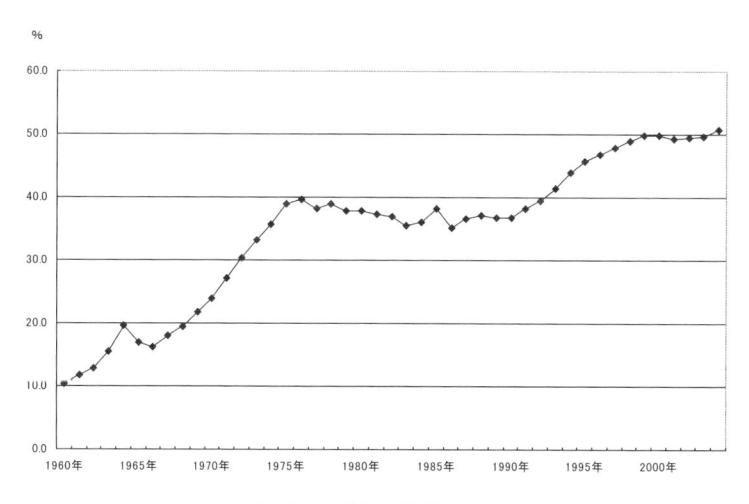

図1-7　大学短大進学率：男女計

たところである。ここ10年ほどは特に減少しているわけではない。

　日本の公財政支出額は、**図1-6**に見るように当年価格でも2000年価格でも、1960年代70年代に大きく伸び、そして1980年代全般に伸びが停滞し、そして1990年代初めから再び上昇するという三つの段階に分けられる。**図1-7**は、

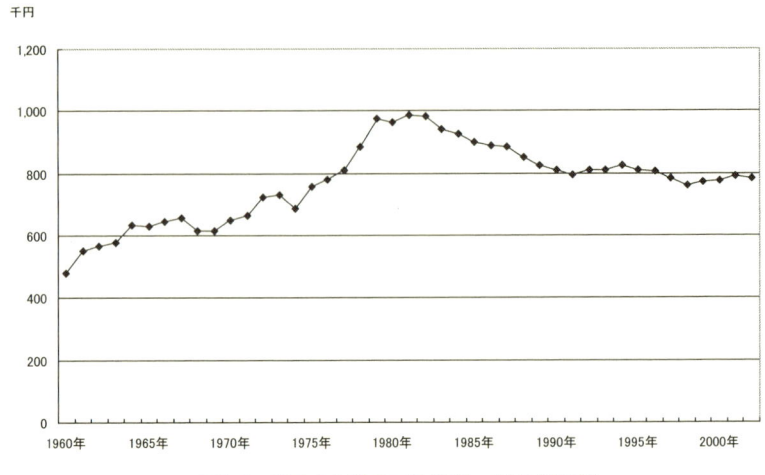

図1-8　学生1人当公財政支出：2000年価格

大学短大高専進学率を表している。この図も1960年から上昇し、1975年にのびがストップし、そして1990年から再び上昇するという三つの段階に分けられる、この図1-7と図1-6は、時期にずれはあるもののほぼ相似形である。つまり1980年代の公財政支出の停滞は、進学率の停滞と無関係ではないことが示唆される。

　図1-8に示すように、大学院及び大学に在学する学生1人当り公財政支出は、1960年代70年代に上昇し、1980年代半ばまでピークを保っている。その後1990年代まで下降し、90年代は停滞している。日本の高等教育に対する公財政支出が問題であるとすれば、日本の経済の国際競争力が強かった1980年代初めの水準から低下していることである。図1-9は教員及び職員1人当り公財政支出の変化を示したものである。これは学生1人当り支出と同様の傾向を示し、1960・70年代に上昇し、1980年代初めにピークを迎える。その後下降し1990年から微増する。学生1人当りに比べ、増加しているところが異なる。これは学生の増加に比べ教職員の増加が少ないことを意味する。これが教育の効率が高まったのか、教育サービスの質が低下したのか、見方が難しい。

　日本の高等教育に対する公財政負担（対GDP比）は、1990年代から0.4％と

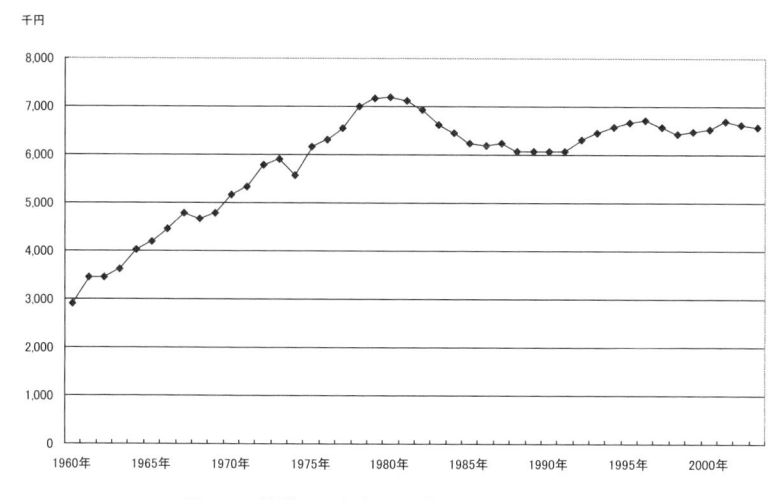

図1-9　教職員1人当公財政支出：2000年価格

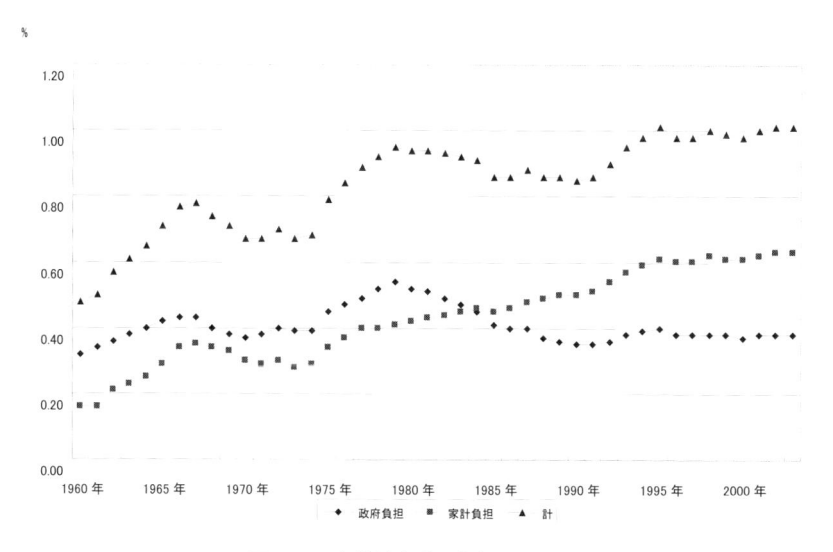

図1-10　高等教育費の負担：対GDP比

それほど変化はないことは先に見た。**図1-10**のように公財政負担と家計負担を合わせた高等教育費総額は、対GDP比で1960年から上昇し、1970年前後で落ち込み、1975年から1980年まで再び上昇する。その後下降し、そして

1990年から上昇し、1995年から約1％となっている。このように対GDP比高等教育費の現在水準は、1960年から最も高い水準で推移していることがわかる。それは1975年あたりから毎年上昇している家計負担の貢献が大であることによる。公財政負担と家計負担の水準は、1983年ごろまでは、公財政負担のほうが高かったが、1984年から逆転し、その後は一貫して家計負担のほうが高い。現在の高等教育費対GDP比1％の水準は、家計負担がなければ達成できない。アメリカにおいても1990年代初め、高等教育投資において家計負担が州財政負担を上回ったことが示されている（Zumeta, 2004, Heller, 2006）。

図1-11は学生1人当りの高等教育費の負担を示したものである。前図と同じように1983年ごろまでは、学生1人当りの高等教育費は政府負担のほうが多かった。しかし1984年から家計負担のほうが多くなっている。2003年には学生1人当りの高等教育費は、家計負担が政府負担の倍近くなっている。1980年から大学短大進学率は停滞しているが、1990年から再び上昇し始める。日本の場合、大学短大進学率が35％から40％の間で、政府負担が家計負担に追い抜かれるという構造になっている。

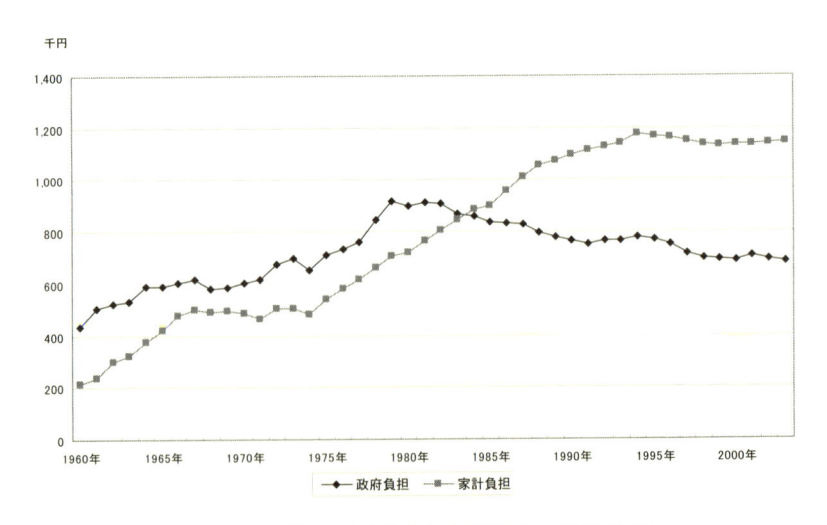

図1-11　学生1人当高等教育費負担：2000年価格

5. 1970・80年代の高等教育政策

　以上日本の公財政支出の時系列的変動を検討した。これによって1980年頃を一つの契機として、高等教育に対する公財政支出に変化が起ったことが確認できた。それはそれ以前の政府財政や経済状況及び、1970年代半ばからとられた高等教育政策の大きな変化と無関係ではないであろう。1960年代70年代高等教育の拡大が起こったが、それを吸収したのは専ら私立大学であった。しかし過剰な施設投資と、他方学生紛争によって学費値上げが、不可能となったことによっていくつかの私立大学は、経営困難に陥り、私学団体は公費助成を政府に求めた。その結果私立学校振興助成法が、1976年4月から施行された。これは事実上レッセフェールであった私学政策の大転換であり(大﨑, 1999年)、私立大学に経常費補助がなされると同時に、私立大学の量的規制が行われるようになった。助成法に関連して私立学校法で、5年間は特に必要があると認めるもの以外は、私立大学の拡充は一切認可しないことになった。私学振興助成法の施行(1976年)から1980年までは、私学助成ばかりでなく国立学校特別会計への繰り入れ額も年々増加していた。

　昭和50年度高等教育懇談会報告「高等教育の計画的整備について」(1976年3月刊)が公表されたが、それは、日本において初めての高等教育計画であった(大﨑, 1999年)。これは18歳人口が安定している1976年〜1980年までを前期、18歳人口が増加し始める1981年からを後期計画として、地方国立大学の計画的整備と私立大学の定員超過の是正を政策目標とした。

　しかし先に確認したように1970年代の終わりから大学短大高専進学率は停滞し、大学の入学者数や在学者数が増加しなくなった。それは私立大学の拡大が止まったからに他ならない。抑制策が一定の効果を持ったものと考えている。他方1973年の石油ショックによって日本の高度経済成長時代が終焉し、財政赤字も増加していた。それに対処するため政府は、1981年3月臨時行政調査会を発足させた。調査会は1982年の予算編成に向けた答申で、私立大学助成費の抑制、国立大学への施設設備費の縮減などの方針を盛り込み、実行された。1980年に私立大学経常費の29.5%を占めた私学助成も、

1982年に伸び率0となった。

　臨時行政調査会の第三次答申は次のようにいう。「量的拡大よりは質的充実を進めるとともに、その費用負担について、教育を受ける意思と能力を持つ個人の役割を重視し、国としては必要に応じてそのような個人の努力を助長していくことが重要である」。その具体的方向は、大学短大の規模を抑制する、国立大学の授業料を私立大学との均衡を考慮して設定する、私学助成を抑制し、教育・研究プロジェクト助成を重視する、奨学金を有利子化し、返還免除制を廃止する、大学や育英事業法人等への寄付の促進をすることなどである。

　これによって国立大学の拡充整備は計画どおりには行われなかった。私立大学にいたっては、前年に比べ入学者減少を記録する年もあった。経常費補助は1984年に前年比12％減少である。大学の冬の時代である（大﨑，1999年）。その後1984年に臨時教育審議会が設けられ、大学の財政問題にも取り組んだ。1987年4月の第三次答申に、主要諸国と比較して日本の高等教育に対する公財政支出の規模が小さいことが指摘され、その充実の必要が認められている。私学助成の充実、家計負担の軽減、育英奨学制度の改善等、臨時行政調査会との対比が明らかである。大﨑は、これを臨時行政調査会の呪縛からある程度大学を解き放ったと述べている（大﨑，1999年）。

6. おわりに

　国際比較と時系列変化によって日本の公財政支出の現状を検討した。市川によれば、日本の公財政支出が少ないのは、国民経済に占める公共部門のシェアが低いことと、高等教育における公的な供給が少ないことが原因であるという（市川，2000年）。そしてその是正は困難であるとしている。しかし高等教育への公財政支出が現状のままでよいとは、誰も思っていないであろう。

　ただし公財政支出の額と配分方法について、もう少し議論を深めておく必要もあろう。例えば、公財政支出が増加した場合、それが私学助成や個人助成をつうじて私的負担を軽減するように使用されると、高等教育の総投資額

は増加しないことになる。総額を増やす目的なのか、私的負担を軽減する公正目的なのかを区別する必要がある。またアメリカの例に見るように、GDP比公財政支出が高くても、家計負担が必ずしも小さくないケースもあることを知っておく必要がある。

　現在の公財政支出の増額を要求する動きは、さまざまなところから生じている。しかし増額ばかりでなく、現在の配分を検討し、それが効率的かを明らかにする必要もあろう。学生の教育に用いるのか、または研究に用いるのか。人件費に用いるのか、その他の教育研究経費に用いるのか。教職員の1人当りの人件費を増加するのか、1人当りの人件費を抑えて人員を増加させるのか。教員1人当り等、一律的に配分するのか、競争的に配分するのか。今後の研究計画に基づく配分か、これまでの研究実績に基づく配分か。機関助成か個人助成か。中央教育審議会でも論じられたように、高等教育への地方政府の投資もどのくらい必要なのかの議論もすべきである。私学助成を増額させるのか、国立大学運営費交付金を増額させるのか。その場合の財源はどうするのか。国立大学の授業料を値上げし、その分を私学補助にまわせるのか。教育再生会議では公共事業費やODA予算からの移転を提案しているが、それは可能であるのか。検討課題は数多く残されている。

第2章　高等教育のファンディングと大学の授業料

1. 今後の高等教育財政

　2004年4月から国立大学が法人化され、これに伴って国立大学へのファンディングすなわち資金配分は、従来の国立学校特別会計からの歳出を廃止し、運営費交付金という形に変更された。運営費交付金は渡し切りで、使途はそれぞれの国立大学の自由裁量に委ねられた。他方法人化後の国立大学は、従前全国立大学一律であった授業料を制限はあるものの、自らの判断で独自額を設定できるようになった。このように国立大学のファンディングと授業料に関して大きな変更がなされた。本章では第1に、このファンディングの動向をまとめ、その背景を整理する。第2に独自設定できるようになった国立大学の授業料に関する問題点を指摘する。

　ところで中央教育審議会は、2005年1月に答申「わが国の高等教育の将来像」を発表した。この答申は、今後の日本の高等教育のゆくえに大きな影響力を持つと考えられる。その全体の内容や解説については、高等教育関係誌で広く論じられているので、ここでは高等教育財政についてだけ言及する。

　財政については、答申第4章の「1. 高等教育の発展を目指した支援の在り方」に示されている。そこでは、「機関補助と個人補助の適切なバランス、基盤的経費助成と競争的資源配分を有効に組み合わせることにより、多元的できめ細やかなファンディング・システム」が必要であることが強調されている。

　より具体的には、
　・国立大学の政策的課題の取組に各大学の個性、特色に応じて支援する。
　・私立大学の基盤経費助成は、各大学の個性、特色を考慮する。
　・国公私を通じて競争的・重点的支援を拡充する。

・学生支援を充実する、などである。

ここではっきりと示されているのは、高等教育財政が、教職員数、学生数などに応じた一律的平均的資源配分から、今後ますます競争的・重点的資源配分と個人補助にシフトされることである。今後ますますといったのは、これらの高等教育財政政策は、すでに始まっていると考えられるからである。この高等教育ファンディングのシフトを検討する前に、答申では明確にされなかった点についてコメントしておく。

2. 公的私的ファンディング

答申では、ファンディング・システムという言葉が用いられている。ファンディングというのは、財源、基金、資金調達、財政援助という意味があり、これには公的なものと私的なものが区別できるが、答申ではそれらを明確に区別していない。そこでは公的なファンディングだけをさしている。公的なファンディングばかりでなく私的ファンディングも、今後重要度が増すと考えられる。

私的なファンディング・システムとは、公的な財源以外から、高等教育に資金を流れ込ませる何らかの仕掛けのことである。こういった民間からの資金には主に家計、企業、大学の三つが考えられる。家計からの資金を流入させるには、いろいろな進学促進策が有効である。国民の高等教育進学意欲がそれほど高くない国では、奨学金を用意して進学を促すような政策誘導型奨学金が用意される。また進学者の家計の教育減税策や所得控除というのもある。そして個人が大学に寄付をしやすいようにする寄付税制を整備することも考えられる。

次に企業から高等教育に資金を増加させるには、寄付、共同研究、研究契約がある。そのほかには、被雇用者の高等教育機関での教育訓練を挙げることができる。また規制緩和によって企業が、大学教育市場に参入しやすくすることも考えられる。昨今話題になっている株式会社大学がその例である。さらに大学の施設整備におけるPFI手法があるが、それによっても民間資金

が高等教育に流入することになる。いくつかの国立大学の中期目標・計画にはPFIによる施設整備が掲げられており、今後国立大学において、この手法によって施設建築が増えると予想される。

最後に高等教育への民間資金財源としての私立大学を挙げることができる。1960・70年代の高等教育の拡大期に、私立大学が大きな役割を果たしたことは改めて述べるまでもないが、これには設置基準の緩い運用を行った政策が背景にあったものと解釈できる。この政策によって学校法人は、自らのいわば民間資金を高等教育市場に投入したことになる。

答申では日本の高等教育に対する公財政支出（対GDP比）が低いと強調されている。しかし第1章の図1-1に示されているように、民間資金についても、飛びぬけて大きいわけではない。日本より対GDP比で民間資金流入が多い国は、韓国、アメリカ、カナダ、オーストラリアがある。日本は民間資金については、家計に極端に依存しているが、それ以外の私的ファンディング・システムはさほど整備されているわけではない。この点についての改善の余地は残されている。

ところで高等教育への公財政支出が少ないと、科学技術知識および経済における国際競争力の低下が起こるという指摘がある。しかし民間からの支出が十分あれば、国際競争力の低下を防ぐことができる。日本は、政府民間合わせると、フランス、ドイツ、イギリスとほぼ同じ割合であり、全体としては低いわけではない。

さて高等教育費が、政府にばかり依存していてもよくはない。民間からの支出を促すシステムが形成されないと、高等教育人口が停滞するということがおこる (Barr, 1993)。または高等教育人口が増加しないため、民間からの支出が増加しないかもしれないという逆の見方もできる。また高等教育を受ける学生は、どの国でも裕福な層の出身である。よって政府支出依存度が大きい国では、高等教育の公的助成が、そのような層だけに向かってしまうという、社会的公正の点から、マイナス面もある。

3. 公的ファンディング政策の背景

　さて以下では、この高等教育財政の方向が、社会や個々の大学にとって、どのような意味を持つかを検討する。答申に示された公的ファンディング政策のシフトには、高等教育に関する四つの背景の変化があると思われる。第1に、学生の多様化である。エリート、マス、ユニバーサル段階の学生は、学習目的、学生の性別年齢別構成、出身階層、職業経験の有無などにおいて、それぞれ異なっている。そしてファンディングもそれぞれの段階で違った方法で行わざるを得ないと思われる。

　第2に、設置形態の多様化を挙げることができる。国立大学は2004年4月から法人化され、設置形態が変わった。これまで責任の所在が国にあったものから、各大学に移され、自立的な経営と自己責任が強調されている。学校法人が設立している私立大学の中身もさまざまある。なかには地方自治体が土地、建物を提供し、経営を学校法人に任せるという公設民営大学というのもある。また構造改革特区では株式会社大学および大学院の開設も可能となった。このように設置形態も多様化すると、ファンディングもそれに応じて変化しなくてはならない。

　第3にファンディング自体の目的の多様化を挙げることができる。まず学生の教育目的が挙げられる。これはさらに育英目的と奨学目的の違いがある。育英に対するファンディングとは、ある特定の人材養成を目的とする。奨学目的は、高等教育機会の拡大や機会均等である。研究のスタイルも現在では多様化している。国際競争、国際協力、学際的研究、大学間協力による研究とさまざまである。研究目的のファンディングも、学部や講座といったある単位ごとに一律に支給するという従来のスタイルのままというわけにはいかない。

　また教育研究目的ばかりでなく、経営にも財政援助が行われることがある。私学振興助成法の目的は、私学の教育条件の充実、家計負担の軽減、経営の安定の三つが挙げられている。はじめの二つの目的については、高等教育専門家の中である程度のコンセンサスがあるが、経営の安定については異論も

ある。つまり私人の自由意志によって設立された私学に、公的資金を投入するのはおかしいという主張である。しかしこれまで高等教育の拡大を担い、社会に有用な人材養成を行っている私学の役割を考えれば、経営の安定のため私学助成を行っても問題はないと思われる。また教育条件の充実や家計負担の軽減を達成するには、経営の安定が必要であり、そう考えれば助成も必要である。

　第4に、ファンディングの方法の多様化が挙げられる。助成方法としては、これまで機関助成と個人助成の区別をしてきたが、その中間にプロジェクト助成が考えられる。このプロジェクト助成は、研究面でも教育面でも増額されている。これは機関補助によって、研究や教育を大学に任せるより、特定研究分野の発達、大学や経済の国際競争力の強化、高等教育資金の効率的利用などを目的として国やその他機関が主導し、アメリカやヨーロッパでも増額されている。このように四つの背景が変化し、それによってファンディングのあり方が変わってくるといえる。

4. 公的ファンディングと私的資金

　さて公的ファンディングの問題を考えるうえで表2-1を作成した。これは、縦軸に設置形態をとり、横軸に公的ファンディングと私的資金をとった。法人化後の国立大学への公的ファンディングは、運営費交付金である。これは、教員数、学生数にも基づいて一定の算定式によって配分額が決定される。法人化前と異なり、使途は各大学の裁量に任される。運営費交付金は各大学の

表2-1　公的ファンディングと私的資金

	公的ファンディング	私的資金
国立大学	運営費交付金 科研費COE等 公的奨学金	委託研究 企業派遣
私立大学	経常費補助金 科研費 公的奨学金	学内奨学金 同窓会
営利大学	公的奨学金	企業派遣

経営努力、経営効率の追求がなされるとして、毎年1％弱ずつ減額されていく。この一括交付金が、減額されていくのに対して、科研費やCOE資金という競争的重点的研究資金は、増額傾向にある。

　私立大学への公的助成は経常費補助金で、ここのところ経常支出の約12％が支出されている。額は毎年微増しているが、経常費に対する割合は減少傾向にある。この一般的経常費補助金に加えて、教育研究高度化推進特別補助がある。大学院とかIT化の推進に対する助成である。そして重要な点は、教職員数や学生数などを基礎に算出される一般補助から、特色ある教育に対する特別補助へのシフトがあることである。助成額の3分の1ほどがこの特別補助になっている。以上の経常費補助のほか、私立大学・大学院等教育研究装置施設整備費補助、および私立大学等研究設備整備費等補助、日本私立学校振興・共済事業団貸付事業などが用意されている。国立私立大学とも、教員数学生数などに基づく一律的補助の割合が少なくなっている。公的助成が営利大学に行われることはないが、営利大学のほうは、私立大学と学生の教育に関する機能は同じだとして、私立大学と同等な助成を望んでいる。いわゆるイコールフッティング論は、私立大学と国立大学のみならず、営利大学と私立大学の間にも成立する。

　次に国立私立大学とも、学生は公的奨学金を利用することが可能である。日本学生支援機構の奨学金が中心で、これは国立と私立大学でアクセスが平等であるとのことである。しかし国立大学の学生は、すでに運営費交付金によって公的資金の配分を受けているので、私立大学の学生がより一層利用しやすくすべきであるという議論も成り立つ。現行制度では営利大学の学生も、公的奨学金を利用することは可能である。

　次に私的資金であるが、国立大学には主に企業から委託研究、共同研究を通じて資金が流入している。もちろん私立大学にもこういう例はあるが、国立大学に比べると少ない傾向にある。これは私立大学が企業との結びつきの弱い人文社会科学系の構成比が大きいことも一因である。しかし私立大学、特に伝統のある大学には、卒業生や同窓会から資金が入っている。また私立大学では大学独自の奨学金や学費免除制度を用意し、これも民間資金として

あげることはできる。

5. プロジェクト助成と大学経営

さて公的ファンディングの問題を考えるために、さらに**表2-2**を作成した。これは表2-1と同様縦軸に設立主体をとり、横軸に助成の方法の違いをとった。機関助成については表2-1で説明したとおりである。営利大学に対する機関助成は行われていない。国立大学に対する個人助成は、学生に対しては奨学金がある。また教員に対しては科学研究費補助金がある。私立大学の教員も科研費を獲得している。私立大学の教員に対して、科研費補助金の交付割合が少ないという議論があるが、その場合申請数が問題となる。国立大学財務・経営センターの調査では、近年各国立大学が科研費獲得において、科研費申請に対してインセンティブを強化するなど、大きな努力をしていることが判明している(国立大学財務・経営センター,2004年)。

さて機関補助と個人補助の中間にプロジェクト補助がある。これは大学の一部の組織や研究者のグループが研究プロジェクトを提案し、研究資金を申請獲得するものである。具体的には、21世紀COEプログラム、特色ある大学教育支援プログラム、現代的教育ニーズ取り組み支援プログラムなどをさす。これは国立私立大学に平等に開かれており、競争的資金配分である。これは今後国際化、地域医療、大学院教育、教員養成の分野でも行われる予定である(大槻,2004年)。

これまで答申に示された公的ファンディングの将来の方向とその問題点を

表2-2 設置主体と助成方法

	機関助成	プロジェクト助成	個人助成
国立大学	国立大学交付金	COE 特色GP	科研費 奨学金
私立大学	補助金	COE 特色GP	科研費 奨学金
営利大学	×××	特色GP	科研費 奨学金

指摘した。これらのシフトは、大学の経営にとっても重要な意味を持つ。まず一律的基盤経費助成から競争的・重点的資金配分にシフトするので、各大学はそれを獲得しようとするならば、それに備えた体制作りをしなければならない。COEプログラムは大規模研究大学向けの競争的資金であるが、筆者の訪問調査では、それらの資金を獲得した大学では、その獲得準備に多大な時間とエネルギーを費やしていることが判明した。COE以外のプログラムは、必ずしも大規模研究大学向けだけではない。それらのプログラム資金を確保するため、これまた大きな努力を払っている大学がある。筆者の調査でも、地方の国立大学が特に熱心に取り組んでいることが明らかとなっている。獲得のため学長のリーダーシップ発揮、学長裁量経費の利用、学内委員会設置、学内コンペ、コンサルタントに相談などを行っている大学もある。その資金額自体は大学の財務経営にそれほど助けにならないかもしれないが、私立大学国立大学とも、学生募集の上での宣伝効果はある。実際大学教育支援プログラムに採択された大学の中には、自大学の学生募集の宣伝にそれを強調しているところもある。また学内の教職員のモラール向上にも効果があると考えられる。

6. 国立大学の授業料値上げ

さて高等教育のファンディングの動向を整理した。大学、特に国立大学は安定的、一律的な機関助成が減額される中、自己収入の増加に努めなければならない状況に置かれている。以下ではこれに関連する国立大学の授業料の問題について検討したい。法人化後、各国立大学は、国の定める標準額の上限10％の範囲で、独自の授業料設定が可能である。筆者は法人化2年目からの授業料は、各大学で多様化すると予想していたが、実際は87国立大学中81大学が、2005年度標準額である53万5千8百円に落ち着いた。標準額は昨年に比べ、1万5千円値上げされている。学生にとっては、実質的に値上げされている。今年は国から配分される運営費交付金が減額され、標準額どおりに授業料を徴収すると、減額分が補填される仕組みになっている。

この仕組みには、いろいろな問題がある。まず国が標準額を増額させると、多くの大学がそれに追従し、授業料が一律化する。法人化の一つの目的が、大学の個性化、多様化であるのに、国の標準額増額はそれを促進しない。授業料水準も大学の個性の一部である。授業料を低く抑えて、高等教育の機会提供、特に裕福でない家庭出身者に進学機会を拡大しようとする国立大学があってもよいし、良質な教育を提供するため、授業料を高くする大学があってもよい。よって国立大学の多様化のためには授業料格差を認め、国はしばらくの間は標準額を一定にし、大学の自由度を大きくするため、上限の10%をもう少し上げるほうがよいと考えられる。つまり大学の自由裁量度を大きくし、法人化の理念に沿うようにすることである。

　第2に、標準額の増額が、国立大学の掲げた中期目標・計画の遂行の妨げになる可能性があることである。大学によっては、中期目標・計画に、機会均等に貢献し、適切な授業料を設定することを挙げている大学がある。そのような大学では、国が標準額を値上げしてしまうと、自大学の目標・計画の達成が難しくなることが生じる。中期目標・計画の策定時には、標準額が値上げされることを予測することは困難であった。

　第3に、運営費交付金の減額と授業料標準額増額とを連動させることには、これまた問題がある。これは切り離したほうがよいと思われる。運営費交付金の減額によって、各国立大学は経営の効率化を図らなければならない。資金、施設の効率的効果的利用は、各大学で積極的に開始されている。また人材の効果的配置も行われている。しかし授業料値上げによって、その減額が「容易に」カバーされてしまうと、せっかく各国立大学が取り組み始めた効率化の意欲を削ぐことになる。中教審答申では、一律的な機関補助は強調されず、外部資金の増額、自己収入の増額が強調されたが、この自己収入の増加は、標準額の値上げではなく、大学が別途独自に考えるべきである。

　第4に、国と国立大学は、現行の国立大学授業料水準や値上げ分の理由について、もう少し詳しい説明をする必要があると思われる。学生にどれだけ教育コストがかかっているのか。値上げすると学生の教育はどのように改善されるのか。私立大学との格差ばかりを理由に授業料を値上げするのは、国

立大学の学生の親ばかりでなく、私立大学の親も納得しない。というのは国立大学の授業料が値上げされると、私立大学もそれに合わせて値上げされる可能性があるからである。

　最後に各国立大学は、授業料水準をもう少し早く決定すべきである。国の標準額決定を待って、自大学の授業料を決めるのは理解できるが、3月の半ばまで発表できないのは改善すべきである。50万円を超えるサービスを売るのに、正確な金額を知らせないのは国立大学以外にはない。受験生がどこの大学を受験するのかを決定するセンター試験前には発表すべきである。

7. 国立大学授業料の動向

　法人化後の国立大学は、財務諸表等によって財務状況を明らかにしなければならない。国立大学は原資が国民の税金である運営費交付金によって、支出の約半分を賄っているので、これは当然であるかもしれない。その財務内容は、次第にセグメント毎に明らかにされる必要がある。そうするとおおよその学部別の学生1人当りコストが明らかになる。これによって学部別授業料徴収の議論が引き起こされると予想される。もし学部別授業料制が実施されても、当初は、文系理系別、または医学部は別といった単純な形で行われると思われる。しかし各大学はコストに関するデータを蓄積し、いつでも授業料水準の説明を明確にできるよう準備しておく必要がある。

　学生1人当り教育コストを考慮すると、学部別授業料の議論が活発化することが予想されるが、経営の観点から授業料をみると、異なった面が見える。例えば医学部では、学生1人当り教育コストは高くつく。しかし国立大学の医学部や医科大学の収入において、授業料収入が占める割合は小さく、その財源は病院収入、運営費交付金、または外部資金に依存している。つまり授業料を値上げしても、全体の収入がそれほど増えるわけでもなく、標準額の10％上限程度なら、値上げするインセンティブが働かない。むしろ授業料を据え置いて、裕福家庭出身ではない学生に進学の道を開いたり、より優秀な学生を確保するほうを選ぶ大学がでてもおかしくはない。

しかし反対に、学生1人当り教育コストの低い社会科学系学部、またはそのような学部で成り立つ単科大学は、収入全体に占める授業料の割合は高くなる。こういった大学では、授業料収入以外の収入が限られているので、運営費交付金が減額されると、授業料値上げのインセンティブが働く。つまり現行の法人制度では、低コスト学部および大学が、授業料値上げの誘引を持ち、高コスト学部や大学は、それほど値上げする必要がない、という構造的矛盾を抱えている。

以上を実際のデータで確認することができる。**表2-3**は四つの国立大学が公表している財政データをまとめたものである。A大学B大学は文科系の単科大学、C大学は理系の単科大学、D大学は医学系の単科大学である。支出は国立学校特別会計歳出のうち国立学校分である。よって産業連携等研究費、施設設備費、改革推進公共投資施設設備費は含まれていない。国立学校分の内訳は、人件費と物件費である。仮にこの支出を学生の教育コストとみなして、それを学生数で除すと、学生1人当り教育コストが算出できる。1人当り教育コストの分布は大きく、A大学では95.7万円であるのに対して、D大学は451万円になる。ここでの学生数は学部学生および大学院学生の実数である。

各大学の授業料収入は、表2-3のとおりであり、このデータの時点では各国立大学の授業料は一律であるので、学生数の関数である。ただしここには入学検定料も含まれている。よって入試競争倍率の高い大学は、ここで示した授業料収入の値も高くなる。また授業料総収入は、退学者数、授業料免除者数にも影響されるので、ここで学生1人授業料は同額とはならない。授業料収入が支出に占める割合も、各大学で大きく異なっている。A大学では

表2-3 国立大学の支出と授業料収入

	支出 (億円)	授業料収入 (億円)	収入／支出 (％)	学生数 (人)	支出／学生数 (万円)	収容定員 (人)	現員／定員
A大学	25.3	12.7	50.2	2,644	95.7	2,300	1.15
B大学	83.6	34.5	41.3	6,528	128	5,491	1.19
C大学	35.9	7.1	19.8	1,346	266	1,332	1.01
D大学	43.9	5.5	12.5	953	451	1,012	0.95

表2-4 授業料10%上昇のケース

	授業料収入（億円）	収入／支出（%）	上昇分（%）
A大学	14.0	55.2	5
B大学	38	45.5	4.1
C大学	7.81	21.8	2
D大学	6.05	13.8	1.3

50.2%であるが、D大学では12.8%にすぎない。このように低コスト大学ほど、支出に対する授業料収入が大きく、授業料収入が大学財政に大きな影響を持つといえる。

さてこの授業料収入は、国立大学が法人化されてからは10%までの増額が可能となった。公表時の授業料収入の10%増の額を計算すれば、おおよそ授業料収入の最大値を知ることができる（表2-4）。10%の授業料増加が、どの程度各大学に影響を与えるかは、支出に対する比率をみれば推定できる。A大学では50.2%から55.2%になり、5%上昇する。つまり授業料10%の値上げによって、支出に対する収入の割合を5%増やすことができる計算になる。または運営費交付金が5%減額されても、授業料を10%値上げすればオフセットされることになる。しかしD大学ではその値は、12.5%から13.8%になるが、支出の1.3%上昇に当たる。10%の授業料値上げは、1.3%の支出に対する収入の割合増をもたらすに過ぎない。値上げの収入増への影響はそれほど大きいわけではない。よって低コスト大学ほど、授業料依存度が大きく、授業料を値上げした場合の大学財政に対する効果が大きい。

8. 授業料の負担と支払い方法

国立大学の授業料が値上げされるのに並行して、私立大学の授業料もわずかずつであるが上昇している。もちろんこれは平均の話で、個々の大学をとってみると別な姿が見えるかもしれない。学生募集に苦労している大学では、授業料値上げなどしたくてもできない現状がある。よって今後は私立大学の授業料は、大学によって今まで以上に差が開くことが予想される。

しかし私立学校法の改正によって、私立大学も貸借対照表や収支計算書など財務情報の公開が、義務付けられるようになった。今後各大学は、自大学や学部の授業料水準を明確に説明できなければならない。教育コスト等を反映して授業料を設定していくと、学部別授業料は当たり前、そして単位制授業料に行き着くかもしれない。単位制授業料は、アメリカでは早くから導入されていたし、日本でも試みる大学学部が出てきた。大学にとって年間収入の予測等困難な面があるので、すぐに多くの大学で実施されるとは考えられないが、学生の納得は得られやすいと考えられる。

大学の授業料水準は、教育研究、財政、および経営のそれぞれの理念の折り合いどころである。国立大学の授業料は、人材養成、機会均等など大学の使命達成と、社会と個人という受益者の負担の公正性を掛酌して設定される必要がある。また私立大学は、教育コスト、学生募集、学生の質、経営面を考慮して設定が行われる。

そして授業料は、大学の発展段階と設置主体によって支払われ方が異なる。それを表2-5にまとめた。縦軸に設置主体をとった。横軸は、大学の三つの発展段階によって分けてある。日本の国立大学は、エリート段階では授業料低廉化によって、裕福な家庭以外からの学生に大学教育機会提供を試みた。この段階では、学生数が少なく政府財政も低廉化を支えることが可能であった。また教育職研究職など特定の分野には、返還免除の奨学金を提供し、人材育成を図ってきた。エリート段階の私立大学でも、公的な給付奨学金が支給された。また学費の支払いが困難な学生には、大学の負担で学費免除策が講じられた。

マス段階に入ると国立大学は、主に貸与奨学金によって学生を援助してき

表2-5　授業料と奨学金

	エリート	マス	ユニバーサル
国公立	低廉化 給付奨学金	貸与奨学金 公的ローン	後払い制 民間ローン
私立	給付奨学金 学費免除	貸与奨学金 民間ローン	民間ローン 学内奨学金
営利	—	貸与奨学金	民間ローン

た。また日本学生支援機構ばかりでなく、国民生活金融公庫の教育資金貸与制度の公的ローンも利用できるようになった。マス段階に入り、学生が増加すると授業料低廉化による機会均等の達成は、政府財政の負担増を強いる。よってこの段階では、低廉化は次第に崩れていく。近年ヨーロッパの大学の授業料の値上げ動向は、この例である。私立大学は公的ローンのほかに、市中銀行と提携して特別優遇金利によるローンによって、学生を支援することもある。法人化後の国立大学でもこのような試みを始めるところも出てきた。

近い将来のユニバーサル段階では、授業料の後払い制度も考えられる。これはイギリス、オーストラリア、アメリカなどで、すでに試みられている。場合によっては、卒業後の所得水準によって授業料の後払い額が変わってくる。卒業後所得が多いものは多く払い、少ないものは少額または免除となる。受益者負担を徹底するとこのような形が考えられる。これは累進課税と授業料の受益者負担を組み合わせた合理的な方法で、卒業生が将来高額な所得を期待できる医師養成学部、法科大学院、ビジネススクールなどに応用可能となる。ただし個人の所得が、正確に捕捉されることが実施にあたっての大切な条件となる。

ユニバーサル段階の私立大学は、学内奨学金の充実に力を入れる必要がある。エリート、マス段階と異なって、その目的は学費支払いの困難な学生援助だけでなく、学生募集、特に優秀な学生を入学させるための目的をもつ。これはすでに私立の法科大学院でも実施されている。また国立の大学院でも実施が計画されている。

株式会社大学や大学院の学生も、現行制度では日本学生支援機構の奨学金の受給資格がある。アメリカにおいても営利大学の学生は、連邦政府奨学金を受けることができる。奨学金は個人を対象にし、機関援助ではないので、営利大学の学生も当然受給資格があるという意見がある。しかし学生個人は公的奨学金を用いて、営利大学の授業料を支払うこともあるので、公的資金が営利企業に流入するという問題もある。このようにユニバーサル段階の授業料の支払いや学生援助には、複雑な問題が生じる。

第3章　国立大学の財政と財務

1. 国立大学の規模と役割

　2007年の文部省統計によれば、日本には756の国公私立大学があり、このうち国立大学は87校である (11.5%を占める)。学部大学院を合わせた学生数は、283万人であり、国立大学には22.3%である63万人が学んでいる。大学教員数は16.8万人であるが、国立大学教員は6.1万人である(36.3%を占める)。国立大学の大学院博士課程の在籍者は5.2万人であり、博士課程全学生数7.5万人中の69.3%を占める。

　以上の簡単なデータは、国立大学の果たしている役割を同時に示している。すなわち国立大学は、歴史的に規模の大きな組織で教育および高度な学術研究を推進してきた。これは大学数の少なさと全体に占める割合の低さおよび、教員数と大学院博士課程の在籍者数の、全体に占める割合の大きさに示されている。国立大学協会のまとめによれば、学術研究で世界のトップレベルで活躍している大学も少なくない (国立大学協会, 2005年)。日本の私立大学が専ら人文、社会科学系の人材養成を担ってきたのに対して、国立大学は戦前から理工系人材養成に深くかかわってきた。もちろん人文、社会科学系の人材も数多く輩出している。また国立大学は戦後各県に少なくとも1大学が設置され、各県において高等教育機会の提供を行い、地域における教員、医師、技術者などを養成してきた。国立大学協会では、国立大学が地域あるいは所得の差にかかわらず、大学への進学機会を全国的に下支えする役割を果たしていると主張している (国立大学協会, 2005年)。さらに地域で共同研究などを通じ地域貢献を果たし、雇用や消費などを通じて地域の経済発展にも貢献している。例えば鹿児島大学では、産業連関分析によって鹿児島大学の経済

効果が、県内生産誘発額として867億円にのぼるという試算を発表している (鹿児島大学, 2008年)。

ところで1990年代から始まった一連の大学改革で、国立大学は数についてはさらに縮小の方向を辿っている。学際領域への展開、資源の有効・効率的活用や教育研究基盤の強化などの理由により、2002年に101校であった国立大学は、14組29大学の統合がなされ、現在の数になっている。再編統合に当たっては、2006年施行改正教育基本法に則り、大学の自主性・自立性を尊重してなされているという。また役割については特に、2005年1月の中央教育審議会答申「我が国の高等教育の将来像」に示されたように、各大学が自主的に判断して、それぞれの特色や個性を明確化することで、大学が多様化、機能別に分化していくことが望まれている。

2. 国立大学の財政

国から大学へのファンディングは、2008年度次のようにまとめることができる。国立大学に対する基盤的経費として運営費交付金 (1兆1,813億円)、施設整備費補助金等があり、私立大学には私立大学等経常費補助金 (3,249億円) がある。教員の研究活動としての競争的資金としては、科学研究費補助金 (1,932億円) および大学等に対する間接経費 (353億円) が挙げられる。また学生には学生支援機構奨学金事業費 (9,305億円) がある。この中間に位置するのが21世紀COEプログラムに代表される大学教育改革の支援事業費 (680億円) がある。さらに日本学術振興会JSPS特別研究員事業費として、158億円もある。競争的資金および大学教育改革支援事業は国公私立大学を通じて応募できる。

国立大学の収入は、国から配賦される運営費交付金 (54.2%) と自己収入といわれる授業料および入学検定料 (3,557億円、16.3%)、付属病院収入 (6,284億円、28.8%)、雑収入に分けられる。この他に施設設備整備補助金、科学研究費補助金などがある。国立大学の支出は、教育研究費等 (1兆3,138億円、60.3%)、退職手当等 (1,288億円、5.9%)、病院関係経費 (6,592億円、30.2%)、

特別教育研究経費 (790億円、3.6%) に分類できる。

　序章で検討したように、国立大学に限らず、日本の大学に配分される資金は、教員数や学生数に基づいて配分される一律的平等的資金配分から、大学や教員や研究者が申請応募し、審査を経て配分される競争的・重点的資金配分にシフトしている。国立大学への運営費交付金は、効率化ルールを徹底し、各年度の予算額を名目値で対前年度比マイナス1% (年率) とする政府の「基本方針2006」から「基本方針2008」までに則り、毎年法人化以後、減額されている。文部科学省関係者によると、減額それ自体は、法人化とは無関係で、国の財政逼迫が減額の理由であるという。しかし科学研究費他はむしろ増額されているので、単に財政逼迫ばかりが、交付金削減の理由ではないと思われる。

　競争的資金には、科学研究費補助金、戦略的創造研究推進事業、科学技術振興調整費、その他がある。基盤的経費と競争的・重点的資金配分の国公私立大学における比率は、2007年に前者が73.0%、後者が27.0%である。2004年の国立学校特別会計の廃止によって、正確な比較はできないが、2001年度は、基盤的経費が86.0%であり、競争的・重点的配分が14.0%であるから、わずか数年の間に競争的・重点的資源配分の比率が2倍近くに増えているといえる。

3. 運営費交付金をめぐる議論

　2007年に入って高等教育財政のあり方についての議論が、文部科学省だけにとどまらず、内閣府・内閣官房に置かれている審議会等でも、突如審議されるようになった。そこでは国立大学への運営費交付金の配分も主要な対象となった。

　教育再生会議では、第7回会議 (2007年4月25日) で、教育再生に必要な教育財政基盤の確保、メリハリのある財政投資を提言している。そこでは、基盤的経費と競争的資金の組合わせ、一律的配分から評価に基づく配分へのシフト、国公私を通じた研究面、教育面の競争的資金の充実と公平・公正な配分などが議論された。

経済財政諮問会議は、2007年4月25日に発表された「成長力加速プログラム～生産性5割増を目指して～」ほかにおいて、大学改革について議論している。そこでのキーワードは「選択と集中」であり、研究資金の選択と集中については、①競争的資金の拡充と間接経費の充実、②審査の国際化、③評価結果の次の資金配分への反映、④若者研究者の研究環境の整備、⑤知的財産の効果的活用のための産学官連携の戦略的な推進、などを論じている。

また国立大学への運営費交付金の配分については、①民間から寄付金、共同研究費を獲得しやすい条件の整備の検討、②国際化や教育実績等についての大学の努力と成果に応じた配分の検討、③グローバル化、知識の融合化に対応した大学再編を視野に入れた選択と集中を促す配分の検討、④各大学の中期目標・計画の達成状況の反映の検討、⑤各大学の自主的な判断による多様化・機能別分化や大学間の連携・協力の支援・促進等の検討、などが提言されている。

総合科学技術会議も、「科学技術によるイノベーション創出に向けて」(2007年3月30日) 等で大学へのファンディングについて言及している。①若者向け資金を倍増し、世界トップ研究者を育てる一貫した競争的資金体系の確立、②競争的資金からの人件費支給を拡大する、③運営費交付金という基盤的経費を、基礎的部分を支え、研究機能は競争的資金や民間からの外部資金で、教育機能は寄付金等の外部資金を活用して強化、④大学の施設環境を国際的水準の魅力あるものにするための整備の推進、などを議論している。

以上の会議のほかに、イノベーション25戦略会議は、2007年2月26日に「イノベーション25」中間とりまとめで、競争的資金配分の見直しを含む研究機能の強化などについて、議論を発表している。またアジア・ゲートウェイ戦略会議でも、大学の国際化に向けた競争的な資源配分の抜本的な充実を提案している (2007年5月16日)。

規制改革会議は「教育と研究の質の向上に向けた大学・大学院改革に関する基本的考え方～組織中心の支援から個人中心の支援へ～」(2007年5月11日) で大学改革についての議論を発表している。①大学・大学院の会計システムを教育と研究に分離、②運営費交付金および私学助成金配分基準等の見直し

(学生数に応じて配分額を決定する仕組みの採用)、③国立大学の授業料の見直し、④競争的研究資金の配分の見直し、⑤厳格な評価体制の構築、⑥評価単位の見直し、⑦事後評価の実施、⑧研究者カテゴリーの区分、⑨間接経費割合の拡大、⑩研究環境の整備、等を議論している。

以上の内閣府の会議とは別に、財務省の財政制度等審議会でも、「平成20年度予算の編成等に関する建議」(2007年11月)で、世界で通用する大学の実現のために、国立大学法人運営費交付金の配分ルールを国立大学法人の教育・研究等の機能分化、再編・集約化に資するよう、大学の成果や実績、競争原理に基づく配分へと大胆に見直す必要を述べている。

これらの一連の審議、提言に対して、時の文部科学大臣が、基盤的経費の軽視や高等教育への公財政支出削減への動きに強く批判することもあった。また運営費交付金が成果によって配分されると、それが削減されることが予想される地方国立大学を抱える知事による反対への要望書も提出された。国立大学関係者は、さまざまな機会に中長期に安定した予算配分が確保できなくなる危惧を表明している。また国立大学協会は、運営費交付金は大学の教育研究機能が安定的持続的に果たされるのに必要であり、経済財政諮問会議の提言した国際化などの評価による配分に強い反対を表明している。

そしてこれらの会議の議論や提言、またそれらへの批判、反対表明の後、2007年6月19日「経済財政改革の基本方針2007年〜『美しい国』へのシナリオ〜」(骨太2007)が閣議決定された。これは主に内閣府におかれた会議提案をまとめ、整理し直したものである。そこでは、高等教育財政について「選択と集中」により必要予算を確保し、基盤的経費の確実な措置、基盤的経費と競争的資金の適切な組合せ、評価に基づくより効率的な資金配分を図ることが述べられている。国立大学の運営費交付金をめぐる議論は2007年初め、にわかに諸会議で議論されることになった。会議によっては競争や成果による配分が強調されたが、結局「骨太2007」では、それに対する批判、反対を受けて基盤的経費の確実な措置という文言が盛り込まれた。

その後、文部科学省では教育振興基本計画の策定に向け、中央教育審議会にその審議を要請した。審議会では2008年4月に答申を発表し、同7月に策

定した。ここでも科学研究費補助金等の競争的資金等の拡充を目指すことが指摘されている。また運営費交付金を国立大学法人評価の結果に基づいて配分することが明記されている。しかし同時に「大学等における教育研究の質を確保し、優れた教育研究が行われるよう、引き続き歳出改革を進めつつ、基盤的経費を確実に措置する」ことが明記され、内閣府・内閣官房関係の審議会をまとめた「骨太2007」と基盤的経費の扱いについて、共通性を見出すことができる。

4. 国立大学の施設整備の仕組み

　国立大学法人の建物等の取替え更新の財源は、国が施設費として措置する仕組みであって、法人の運営責任の範囲外とされている。よって国立大学法人の施設整備費は、運営費交付金とは別に国と国立大学財務・経営センターによって用意される。国は施設整備計画を策定し、毎年度の整備方針を公表する。この整備方針は透明性を高めるため、最近では第三者の意見を取り入れることとしている。それに基づいて、交付要綱に沿って定額を施設整備費補助金として交付する。財源は一般会計予算である。また国立大学財務・経営センターは、各国立大学法人が土地を処分して得られた収入の一部を受け入れ、それを財源として、国の定めに基づき国立大学財務・経営センター施設費交付金として国立大学法人に用意する。これらの資金によって各法人は、施設整備、大型設備、不動産購入、船舶建造、災害復旧などを行う。

　また国立大学財務・経営センターは、財政融資資金等を調達し、それを財源として附属病院の施設整備、病院設備のため国立大学財務・経営センター施設費貸付金を用意する。各国立大学法人は、この借入金を病院収入等で返済する。以下の**図3-1**のように国立大学法人の施設整備費補助金は、平成14年度以降当初予算額で見ると着実に減少している。しかし補正予算によって毎年の配分総額は一定ではない。

　さらに各大学は、国や国立大学財務・経営センターからの資金以外に、自己収入等によって施設整備を行うこともできる。自己収入には、個人や企業

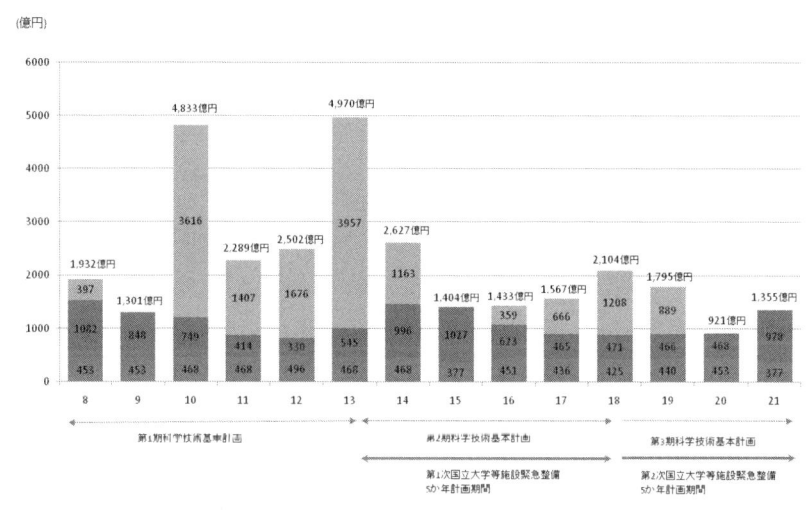

図3-1 国立大学法人等施設整備費予算額の推移

出所：文部科学省資料より

からの寄付、産業界や地方公共団体との連携、他省庁との連携がある。これらの例として京都大学の半導体製造企業からの寄付による産学連携施設の新設、東北大学では産業界からの寄付で未来情報産業研究館の建築、北海道大学の函館市との連携によるマリンサイエンス創生研究棟が挙げられる。他省庁との連携例として、信州大学は経済産業省とアサマ・リサーチエクステンションセンター等、東京農工大学は、産業総合技術研究所と次世代モバイル用表示材料共同研究開発センターの建設がある。

また学生寄宿舎、産学連携施設等の収入が見込まれる施設・設備の整備には、その収入で償還できるのであれば、民間金融機関からの長期借り入れも可能である。これについてはキャンパス移転に係わる施設・設備の整備の場合、跡地処分収入が見込めれば、同様に長期借り入れも可能である。筑波大学では、キャンパスの借地部分を長期借入金により一括購入している。

なお国立学校特別会計時代には、施設の維持管理経費は、明確に定義されていなかったが、法人化後は教育研究施設の維持保全に対して、運営費交付

金の標準運営費交付金の教育等施設基盤経費として算定ルールに含まれ、それによって交付される。また特定運営費交付金の中には、教育研究施設の新設、教育研究事業費、教育研究設備費等に対して特別教育研究経費がある。

5. 施設整備の現状

　文部科学省によれば、国立大学の施設は、平成13年3月に閣議決定された「第二期科学技術基本計画」により、同年4月に策定した「国立大学等施設緊急整備5か年計画」に基づいて重点的・計画的に整備されてきた。それによって大学院施設の狭隘解消、卓越した研究拠点の整備、大学附属病院の整備については整備目標を概ね達成されたという。老朽改善整備については、整備目標の約600万㎡のうち421万㎡が整備された。

　「5か年計画」によって老朽改善整備は着実に行われたが、老朽化は経年により進行する。よって事実として、**図3-2**のように老朽化は整備のスピードよりも速く進行し、大規模な改修が必要とされる施設は、平成17年度末の時点で約700万㎡となり、5か年計画策定時より増えている。

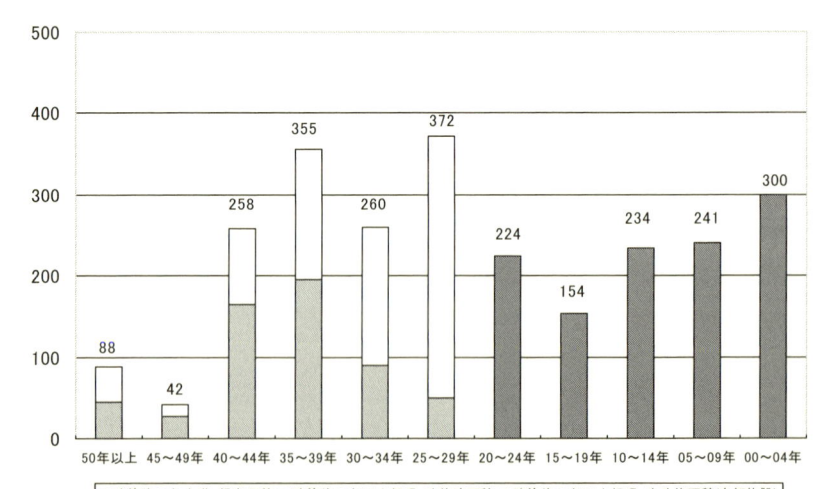

図3-2　国立大学法人等建物経年別保有面積

出所：文部科学省資料より

そこで平成18年3月に閣議決定された「第三期科学技術基本計画」を受け、文部科学省では「第2次国立大学等施設緊急整備5か年計画」を策定した。そこでは老朽施設の再生を最重要課題とし、国立大学等において整備が必要な面積約1,000万㎡のうち約540万㎡を整備目標としている。整備計画は、教育研究基盤施設の再生（老朽再生整備：約400万㎡、狭隘解消整備：80万㎡）および大学附属病院の再生（約60万㎡）である。しかし平成8年の「第一期科学技術基本計画」開始から平成18年度まで、公共投資関係費総額減少のあおりを食って、当初予算ベースで施設整備費補助金は毎年減少している。

また国立大学法人の自己収入による施設整備については、平成13〜17年度で約620億円かけて約28万㎡がなされた。そのうち企業等の寄付が133件、約10万㎡、約310億円、地方公共団体との連携が83件、約62億円、他省庁との連携が4件、30億円である。さらにPFIによる整備は、同時期に24件、約42万㎡、約1,220億円である。これは5年間の実績であり、年平均にすれば約5件である。

6. 施設整備の検討課題

2006年国立大学財務・経営センターが実施した施設担当理事に対する施設管理の状況についての質問紙調査は、予想されたように各大学法人とも施設整備費が、不足していることを明らかにした（丸山, 2007年）。しかしこの点について国立大学間の違いは質問紙からは判断できなかった。国立大学の施設整備の問題は、教育研究の基盤に関わり、重要であるにもかかわらず、これまでほとんど検討されてこなかった。今後はこの分野の研究が必要である。それにはいくつかの検討課題があろう。

まず国立大学や私立大学への施設整備費の総額の問題がある。これまで総額がどのように推移してきたのか。何に支出されてきたのか。運営費交付金総額とのバランスがこれでよいのか。以上のような問題がある。1990年代のアメリカではITによる好景気により、連邦政府の研究費補助が大幅に増額されたことがあった。その結果、各研究大学は経常的な研究費は潤沢になっ

たが、今度は研究施設設備が不足することになった。そこで経常的研究費を施設費にも使用できることになったが、日本でも運営費交付金と施設整備費補助金との関係も検討する必要がある。

また配分の問題もある。国立大学間で施設整備費補助金がどのように配分されてきたのか。教育と研究とでどのように配分されてきたのか。専門分野間でどのように違うのか。またこれまでの文部科学省の施設緊急整備5ヵ年計画の計画的・重点的整備（大学院、研究拠点、附属病院の整備）が果たして妥当であったかも検証する必要がある。

法人化後国立大学への国からの財政支援は、運営費交付金と施設整備費補助金と2本立てである。この仕組みを検討することも大切であり、国際比較しどこが特徴なのかを解明する必要もあろう。現在国は施設整備計画を策定、公表して、国立大学に交付している。よって国立大学は、教育研究の基盤である施設整備費が配分されるか、されないかわからないまま、中長期計画を策定することになる。施設整備計画は中期計画を含まれるものであり、財源の裏づけのない計画策定は現実的ではない。施設整備費が別立てであるのは、国立大学の経営の自由度にどのように影響するのか。国立大学にとって、施設整備費が国から措置されていたほうが教育研究業務遂行に都合がよいのか。文部科学省にとってはどのようなシステムが望ましいのか。これらの点についてもさらなる検討が必要である。

7. 国立大学の財務

本書第2部で改めて検討するが、2004年に各国立大学は、国の行政組織の一部から、それぞれに法人格が与えられ、自主性と自己責任を有する独立した経営体となった。現金主義から発生主義をとる企業会計手法の導入がなされ、ブロック・グラントとしての渡し切りの運営費交付金が配賦される。国立学校特別会計は廃止され、授業料などは自己収入として、各大学に留保されるようになった。文部科学省の許可が必要といっても校地、校舎は法人の資産である。また中期目標・計画の設定と評価が行われ、これは国と法人の

表3-1　国立大学の分類と学生数

		平均学生数（人）		学生数（人）
旧帝大	7校	19,989人	東京大学	28,071
教育大	12校	2,815人	東京学芸大学	6,003
理工大	13校	4,383人	東京工業大学	10,081
文科大	6校	4,260人	一橋大学	6,632
医科大	4校	1,424人	東京医科歯科大学	2,687
医総大	31校	9,200人	神戸大学	7,385
医無総大	10校	6,619人	静岡大学	10,951
大学院大	4校	725人	奈良先端科学技術大学院大学	1,080

間の一種の契約と考えることができる。それによって財務諸表の作成と公開義務が生じ、これまで3年分の財務諸表が公開されている。公表された財務諸表から国立大学法人の財務状況を知ることができる。

　国立大学は、2008年に86校あるが、規模、機能、学部構成、歴史など多様である。国立大学財務・経営センターが、法人化後毎年発行している「国立大学の財務」では、国立大学を八つにグループ化し、財務状況をまとめている（表3-1）。それによると、旧帝国大学（旧帝大）7校、教育系大学（教育大）12校、理工系大学（理工大）13校、文科系大学（文科大）6校、医科系大学（医科大学）4校、付属病院を有する総合大学（医総大）31校、付属病院を有しない総合大学（医無総大）10校、大学院大学（大学院大）4校、である。

　表3-2は大学分類ごとの指標をまとめたものである。それによると、交付

表3-2　国立大学の分類別財務指標

	交付金依存度（％）	学生当教育費（千円）	教員当研究費（千円）	外部資金依存率（％）	納付金比率（％）
旧帝大	45.4	220	14,405	24.8	13.3
教育大	67.5	257	1,479	2.9	27.2
理工大	54.0	221	15,603	21.7	22.2
文科大	54.0	161	2,738	8.6	37.8
医科大	31.1	346	7,355	8.2	7.4
医総大	38.8	186	4,448	7.7	23.2
医無総大	54.5	57	3,658	9.7	34.3
大学院大	68.3	784	18,717	22.4	8.3

出所：「平成19年度版　国立大学の財務」

金依存度（運営費交付金収益／経常収益）は、大学院大学と教育大が高い。この指標が高ければ、現在国から手厚く財政支援されていると考えることもできよう。しかし交付金が減額される動きが続けば、これらの大学は財政的に脆弱になるともいえる。交付金依存度は、医科大と医総大では低い。これらの大学では、付属病院収入の割合が比較的高いため、交付金依存度が低いと考えられる。交付金が減額されても、その影響は少なくなるが、付属病院経営の負担が大きい。

　人件費を除いた学生当り教育経費（教育経費／付属学校を除く在籍学生総数）は、大学院大と医科大が多い。大学院学生と医学部学生の教育経費が高い上、規模の不経済が関連していると思われる。学生当り教育経費は、医無総大、文科大、医総大で少ない。これらの大学は、高コストの学部がないか、規模が大きいかである。

　常勤教員当り研究経費（（研究経費＋受託研究費＋科学研究費等の直接経費）／常勤教員数）は、大学院大学、理工大や旧帝大で多い。これらの大学は、研究を主たる使命とする大学で、当然である。教員当り研究費は、教育大や文科大が少ない。これらの大学は運営費交付金から配分される研究費がもともと少ない上、受託研究や科学研究費が少ないことによる。これは外部資金依存率（（受託研究等収入＋受託事業等収入＋寄付金収入＋科研費等の直接経費）／収入計）を見るとわかる。この率は、旧帝大、大学院大、理工大で多く、教育大は少ない。外部資金獲得大小は、研究、事業、寄付金を受託しやすい分野、学部学科があるかどうかが関係する。また資金獲得の情報を収集し、申請準備し、獲得決定後は資金を管理し、事後の評価を行うための人材が必要である。これらの人材がすでにある大学とそうでない大学とでは、今後研究費の量は差が広がるであろう。

　学生納付金収益比率（（授業料収益＋入学金収益＋検定料収益）／（経常収益－付属病院収益））は文科大、医無総大、教育大が高い。これらの大学経営は、標準および大学独自授業料水準に大きな影響を受ける。これについては第2部で詳しく検討する。学生納付金収益比率は医科大、大学院大、旧帝大で低い。これらの大学は、外部資金収入が比較的多く、それが影響していると考

えられる。

　国立大学の多様化、機能分化は中教審が示した方向である。しかしここで検討した国立大学法人の財務からは、すでに国立大学のグループ間で、大きな差異や格差が生じていることが明らかである。これらの差異や格差は、多様化や機能分化と見ることもできよう。しかし格差が国立大学のシステム全体としての機能を弱め、全体としての教育研究機能の弱体化を招く可能性もある。これらについて今後の検討が必要である。

　先に示したように、政府関係の会議では、選択と集中というキーワードのもとに、国立大学が再編と統合され、また競争的研究資金を用いて、資源の集中的使用がさらに進められようとしている。また「経済財政改革の基本方針2008」では2008年度中にグローバル30として国際化拠点大学を30校指定する。「教育振興計画」では世界最高水準の教育研究拠点を150選択する。このような集中化の動きは、今後他にも拡大する可能性がある。しかし拠点の数やその根拠は示されていない。研究拠点の数や集中度と研究生産性や効率性との関係についての研究も今後必要であろう。

第4章　私立大学の財政

1. はじめに

　今後さらに、18歳人口は減少し続ける。大学・短期大学進学率は、現在約50％近くに達しているが、これ以上大きくは伸びが期待できないであろう。また、2001年、私立大学平均で109万円（入学金29万円、授業料80万円）に達した初年度納付金は、デフレ経済のもと、大きくは値上げできない。財政保障されている国立大学はまだしも、財源のほとんどを学生納付金に頼る私立大学は、いかに学生を確保するかが生き残りの鍵となる。大学は学生獲得競争に向かうことになる。

　そこで各大学は、教育研究を充実させ、大学の魅力アップのため、キャンパス整備に多大な投資を強いられることになる。時代やニーズに合った学部改組、新学部設置、1960〜70年代に建築された校舎の建て替え、高層化キャンパス、キャンパスのIT化、大学院、そして近い将来考えられる学部の都心回帰、大学院やサテライトキャンパスの設置、その他キャンパス・アメニティの整備、これらの施設設備投資に積極的に向かわなければならない。私立大学は、授業料収入の増加が見込めないのに、それを図るために設備投資しなければならないという困難な状況に立たされている。

　しかし、私立大学は授業料収入依存体質から脱却し、収入源の多様化が求められるが、それをどのように進めるのかは容易なことではない。これは個々の大学はもちろんのこと、政府の私大政策としてもめどが立っていないのが現状である。解決策はあるのか、問題はどこにあるのか。それを見つけるため少し回り道をして戦前日本の私大財政から検討を始め、次にアメリカの私大経営を参考にしてみたい。

2. 戦前の私学財政

　急速な近代化という課題に直面した明治政府は、その希少な資源を初等中等教育ばかりでなく、高等教育にも投資しなければならなかった。そこで政府は、帝国大学令を1886年交付し、帝国大学を設立し、まず何よりも「国家の須要に応する」人材養成を目指した。官立大学、特に帝国大学へ集中投資し、この目的達成を試みた。政府はできるだけ高等教育費を負担し、国民のあらゆる層から優秀な人材を集めエリート教育を行った。政府主導の育英主義教育である。

　官立大学が、国家に有用な人材養成を担ったのに対して、私立大学は民間企業の経営者、サラリーマンの養成機能を果たした。私立大学は法学、商学、経済学の社会科学系教育に集中した。官立・私立にかかわらず、大学が基本財産を保有し、その果実で運営するというおそらくアメリカ的な考えは、明治初期からあった。しかし、そのような経営をできる大学はどこにもなく、そして政府は、私立大学にはほとんど助成しなかった。

　基本財産も政府助成もなしで私学経営が可能だったのは、私立大学における教育が、社会科学を中心とした文系の専門分野に特化したからである。校舎さえあれば、あと必要なのは教職員の人件費ぐらいである。私大の授業料は、官立のそれと比べそれほど高いわけではなかった。高くすれば学生が入学しない危険があったからである。そこで私学は、資源の少なさを補うための巧みな組織構造をつくりだした。それは本科の下に別科や予科を設けることであった。そこに大量の学生を受け入れ、本科より低い教育条件で学生の教育を行った。私学は予科または別科で得た利益によって、大学本科の経営を行ったのである。これは内部補助方式である。

　よって私大は、大学本科の下に、より多くの学生を収容する別科や予科のあるピラミッド型の組織をもつことになった。しかし、この内部補助が成立するためには、一定の条件がある。それは教育需要が十分大きく、その需要は教育段階が上に行くほど小さくなるピラミッド型をしていることである。また、本科卒業生や本科に進学せず、別科・予科だけの修了者をそれぞれ吸

収できる異なる労働市場も存在し、その型も必要な学歴が高いほど、量が小さくなるピラミッド型をしていることも必要である。

　私学にとって幸運だったのは、戦前戦後にこのような条件がそろっていたことであった。戦前の日本の高等教育は、政府財政の脆弱さもあって官立大学が国家の人材養成を行い、その他の機能は私立大学に任された。国民の教育需要の大きさに支えられた、政府財政支出の小さな、国民にとっては負担が大きいが、政府にとっては「安上がりモデル」と言える。

3. 戦後の私学財政

　戦後新制大学制度が誕生し、戦前に比べ私立大学設置が容易になった。経済成長に伴う大学教育重要が拡大した時代、政府は国立大学の量的拡大はそれほど行わず、それに対して私立大学には自由放任に近い政策をとった。その結果、私立大学が高等教育の量的拡大の担い手となった。しかし、この拡大時代に私立大学の多くは、戦前以上に基本財産をもたず、政府助成もなしに経営されてきたので、収入のほとんどを学生納付金に依存することになった。よってここに二つの矛盾が生じることになる。

　一つの矛盾は、高等教育の機会均等化実現策の一つは、授業料の低廉化もしくは奨学金の充実であるが、日本では授業料の高い私立大学のほうが、機会均等を担う高等教育機関になってしまったことである。そして私立大学は、量的拡大をし、国民に高等教育機会を提供するために、自らそれぞれ土地の購入、建物の建設など多大な設備投資を行った。しかし、基本財産をもたず、寄附、政府補助もない状況では、それは結局、学生が負担することになる。

　高等教育機会は所得の高い層から低い層に拡大するので、やがて家計は授業料負担に耐えられなくなる。このような状況では、私立大学も授業料値上げを続けられない。私大は設備投資の返済に大きな負担をすることになり、拡大期にいくつかの私大は経営危機に陥る。ここに、私立大学は需要が大きいのに経営危機になるという、二つ目の矛盾が生ずることになる。この矛盾は、第一の矛盾が引き起こしたのである。この二つの矛盾の根本的解消には、

公的資金の投入しかなかった。

　この二つの矛盾を抱えたまま、またまさにその二つの矛盾によって1960年代終わりに授業料値上げ反対をスローガンに含めた学生紛争が各地で起こる。私立大学は量的拡大のための資本支出の債務返還、人件費の高騰、授業料値上げ不可能状態に陥り、経営危機を避けるために、私学や私学諸団体は政府に助成を要求した。そこで政府は、以前から学生定員以上を入学させる水増し入学、マスプロ授業などで私立大学の教育の質を問題にしてきており、1970年代に私立大学助成を本格化させる。

　その後、1980年代まで私立大学に対する政府助成は拡大するが、そのころ政府は、大都市における大学の新増設を認めない大都市抑制策を開始する。このため既存の大学は、新規参入してくる競争相手がなくなり、大学教育市場は売り手市場になる。また学生運動の沈静化もあって、私立大学は授業料を値上げすることに抵抗がなくなり、ふたたび値上げを開始する。これによって私学経営は安定化し、先の二つの矛盾も覆い隠されてしまう。

　安定した私学助成と厳しい抑制策により、1980〜90年代に私学経営は好転した。そしてその時代は、私大が自らの手で財政基盤確立を行うチャンスであったはずである。しかし、ほとんどの私大はそのチャンスを生かせず、学生納付金収入に依存する構造は変わったわけではない。2001年、医学部をもたない私立大学平均で、学生納付金が収入全体に占める割合は77.6％、政府補助は12.5％、寄附金は2.8％、資産運用収入は1.7％でしかない。明治以来、少ない政府財政負担と大きな家計負担で行われた日本の高等教育の「安上がりモデル」は、18歳人口急減期によって教育需要のピラミッド構造が崩れ、いままさに窮地に立たされている。

4. アメリカの私立大学経営に学ぶ

　アメリカの私立大学の歴史は、公立大学のそれよりも古い。明治期の日本の私立大学が法的社会的地位、管理運営、教育研究水準において官立大学を目標としていたのに対して、アメリカの私立大学は、あとから発展する公立

大学のモデルにもなった。私立大学は、主に寄附によって形成された基本財産を保有し、その果実で運営された。それは、部分的に公立大学にも適用された。19世紀後半連邦政府は、国有地を大学に与え、大学はそれを基本財産の一部として運営に充てた。それらは国有地付与大学（ランド・グラント・カレッジ）と呼ばれ、現在ウィスコンシン大学やミシガン州立大学など有名大学に発展している。

　アメリカでは公立でも私立でも、大学は当初から基本財産を保有し、その生み出す利益によって運営するというのが大学経営の基本的考え方である。そこでは家計の負担はできるだけ小さく、学生の支払う授業料の収入に占める割合をできるだけ小さくするのが理念である。さらに、当初からまとまった額の基本財産を有する大学でも、つねにそれらを拡大再生産しようという自助努力がなされる。そこにおいて、特に学長の役割は重要であり、学長の評価はよき資金調達者（ファンド・レーザー）であるか否かで決まる。

　最近ではアメリカにおいても、人件費等教育コストの上昇によって、私立大学の主要な財源は授業料収入になりつつある。しかし、収入全体に占める割合は、全米平均でまだ4割程度でしかない。残りは連邦・州政府の委託研究、事業収入、寄附、資産運用収入などが占め、その配分は日本の私立大学と大きく異なっている。授業料以外の収入の多様化についてアメリカの大学の努力は、一般企業と変わるところがないほどである。

　例えば寄附は、保護者からのものだけではなく、同窓会、企業、財団、学生や卒業生とは無関係な個人、その他と多岐にわたっている。また寄附は現金だけでなく、学生に対する奨学金の形や企業の株式や債券といった形で行われる。また個人や企業の所有するパテントという寄附もある。大学は、寄附されるのをただ待っているわけではない。大学が社会や地域の発展にいかに貢献しているか、大学に寄附する意義など常日頃からアピールしている。また寄附募集は、大学広報部や卒業生組織などを通じて精力的に行われている。

　さらに、アメリカの大学は資産運用にも積極的である。アメリカの家計の半分は株を保有していると言われ、株式投資は一般家計でも日常的なことで

あるが、大学も例外ではない。各大学とも投資専任スタッフを雇用し、投資会社と契約して自らの資産運用に積極的である。ハイリスク・ハイリターン型の投資には、もちろん失敗もありうる。しかし、近年投資に失敗した大学でも、今後もこのような投資を続けていくというコメントを発表する点において、いささか日本と異なっている。

5. 学生募集と奨学金

　もちろん、アメリカの私立大学のすべてが、授業料収入の依存率が低いわけではない。日本の私立大学と同じように、収入の多くを授業料に頼っている私立大学もある。しかし、授業料徴収の仕方についてもさまざまな工夫がみられる。

　どこの大学にとっても、入学してほしい最も魅力的な学生は、能力の高い優秀な学生である。しかし授業料の依存度が高い大学では、さらに授業料支払い能力の高い家計出身の学生も入学させる動機づけが強まる。大学にとって学生の質と授業料水準とは、トレードオフ関係にある。すなわち優秀な学生を入学させるには、授業料水準を低下させなければならない。そこで大学によっては、優秀な学生には、低い授業料を支払ってもらい、そうでない学生には高い授業料を課すという授業料の差別化を行うところもある。

　この授業料差別化には、質の高い学生を入学させつつ、授業料収入も確保するという大学のもくろみが反映されている。この差別化は、大学が提供する奨学金を通して行われる。大学が独自に提供する奨学金は、特定の能力を有する学生に与えられるので、メリット・ベース奨学金と呼ばれる。このメリット・ベース奨学金をより多く提供できる大学ほど、学生募集に有利である。奨学金の原資は、基本財産の運用益や寄附によって形成されるが、経常収入から支出されることもある。この場合能力の高い学生は、そうでない学生から補助を受けることになる。

　メリット・ベース奨学金がどのように決定されるかは、大学のアドミッション・オフィスと学生の交渉による。学生や保護者は、進学前に高校のカウン

セラーから大学の奨学金について、多くの情報を与えられている。また大学も、志願者の出身背景について多くの情報をもつ。そこで大学によっては、たとえ奨学金がなくても自大学入学に高い可能性をもつ学生には少ない額を、しかし他大学との入学を検討している優秀な学生には多くの額を提供するなど、巧妙な方策をとるところもある。

大学が独自に用意する奨学金のほかに、主に政府の提供する奨学金がある。こちらのほうは機会均等目的であり、援助の必要な学生に与えられることからニード・ベース奨学金と呼ばれている。日本では奨学金は、個人への援助であり、大学への機関助成とは区別されて考えられている。しかしアメリカでは、奨学金総額そのものが大きいため、学生を通じて大学へも援助がなされていることになる。そこで大学もなるべく多くの学生が奨学金を得るようにカウンセラー、アドバイザーを充実させ、奨学金獲得に積極的になる。奨学金を受給する学生が多いほど、学生募集の点でも有利である。

6. おわりに

以上検討したように、アメリカの私立大学は、発生時からまとまった基本財産を有し、それを拡大再生産する努力を行っていること、授業料に依存する大学でも、それを効果的に収入増に結びつけるため、さまざまな戦略を用いていることを指摘した。今後日本の私立大学の財政基盤確立は、アメリカの大学で行われているこれまでの実践に多くのところは学ばざるを得ない。

18歳人口の減少に伴い、私大財政は困窮の時代を迎える。各大学とも財政基盤の確立に力を入れだした。アメリカの大学のように企業、卒業生組織や篤志家からの寄附を募ることも積極的に行わなければならない。国立大学も法人化され、これまでとは異なった財務経営が展開され、寄附募集にもこれまで以上に積極的に取り組むと予想される。よって学生募集ばかりでなく、寄附募集にも国私間の競争が行われることになる。また金融の専門家を法人で育成、または外部からリクルートして、自己資金の積極的運用も行う必要があろう。

最近、国立大学では、主に理工系中心であるが、企業との連携がしばしば報道されている。今後は私立大学も、企業と連携し、研究契約を締結することも多くなろう。また、大学が企業等からの受託研究を進めるにあたり、租税上の措置が加えられたことで民間資金の導入がより活発になる。さらに私立大学の理工系をもった大学や大学院も、従来の委託研究以上の研究開発や、教育の分野において企業と連携する必要がある。

　先に確認したように日本の多くの私大は、まとまった資金を一度も保有することなく、高等教育機会の拡大に貢献してきた。機会拡大は政府の役割であると考えると、私大に対する公財政支出、私学助成はさらに増加してしかるべきである。しかし、これまでのような直接助成、機関助成でなく、奨学金、研究に対する競争的資金、企業への研究助成等、別な効率的助成方法も考えられる。そして私大は、それらの間接的助成を獲得するチャンスを逃さず、有効活用できる体制を研究、用意しておくことも大切である。

第2部　国立大学の法人化と授業料

第5章　国立大学法人化と私立大学

　1980年代初め「小さな政府」を目ざしたレーガン・サッチャー政策と路線を同じくする中曽根政権の下において、行政改革が始められた。政府財政支出の削減、公務員数の縮小、行政のスリム化、効率化、規制緩和、市場原理の導入、民営化などがその行政改革のキーワードである。この行政改革の一環として、多くの行政組織が改革され、また一部は独立行政法人化または民営化されることになった。国立大学の法人化は、この独立行政法人化の検討から始まったといってもよいであろう。この行政改革とは別に、1980年代後半から大学教育の現状に対する大学内外の批判は高まるばかりであった。レジャーランド化した大学、授業中の私語の蔓延、社会で役立たない学習内容、教員の教育軽視など批判は、学生、企業、社会のニーズに大学が応えていないことに向けられ、そしてついに大学にも改革の波が押し寄せた。学生の教育重視、国費投入の納税者への説明責任、大学の自己点検・評価、などが強調された。その具体的結果としてまず1991年に設置基準の大綱化が行われた。また教育の重視とは別に、経済・産業の国際競争力、そのための大学の研究教育の国際競争力の強化も叫ばれた。さらに1992年から始まった18歳人口の減少は、専ら授業料収入に依存する私立大学に将来の不安を抱かせた。学生を巡る競争が激しくなり、それが私立大学に比べ学生募集において、比較優位に立っていた国立大学にも波及してきた。私立大学、国立大学とも学生募集に力を入れざるを得なくなり、各大学内部での改組やその他の改革が行われた。国立大学法人化は、このような複雑な政治的社会的経済的背景をもって2004年に開始される。

　背景ばかりでなく、次第に明らかとなりつつある法人化自体そのものも複

雑で解釈が難しい制度になっている。法人化とはなにか。法人化は国立大学をどのように変えるのか。法人化によって国立大学は私立大学に近づくことになるのか。法人化の問題点は何か。さらなる改革はあるのか。法人化の次にさらに民営化があるか。国立大学法人化については、さまざまな疑問点や不明点があり、また指摘されている。本章では国立大学法人化とは、どのような意味を持つのかを明らかにする手がかりとして、まず国立大学と私立大学との違いを整理し、国立大学法人化の位置を特定化したい。国立大学法人が、現在の国立大学と私立大学との間に位置づけられることはほぼ間違いないとしても、それがどちらに近いかを検討することで、将来の動きが推測できると考えたからである。

1. 国立大学法人化の背景

　天野によれば、日本の高等教育は、1990年代から大きな構造変動を経験している。その基底には、世界的な傾向と日本社会の特殊な変動があるという。世界的な傾向としては、(1)高等教育のマス化、(2)市場化、日本の場合は、高等教育の市場化は、「私学化」(privatization) として進行してきた (天野郁夫, 2003年, p.6)。(3)グローバル化、が挙げられる。そして日本に特有な変動としては、(1)18歳人口減少という人口変動、(2)バブル経済崩壊後の長期不況という経済変動、(3)その経済変動に連動した政策変動、すなわち規制緩和・構造改革政策の展開である。経済不況を脱する手段としての規制緩和・構造改革は、同時に始まりつつあった大学改革・高等教育改革に影響を及ぼした。具体的には大学設置基準の大綱化が行われ、そのころに国立大学の法人化案などが浮上した (天野郁, 2003年, p.9)。

　また金子は、近年の日本の高等教育が大きく変化している背景には、「市場メカニズム」の導入と、「大学評価」があり、それらは日本だけでなく国際的な傾向であるとしている (金子, 2002年)。そしてその背景に(1)福祉国家政策の結果としての政府財政の逼迫、(2)大学に国際競争力を要求するグローバル化、(3)知識社会化、の三つを挙げている。さらにタイヒラーは1980年代以降、

表5-1 国立大学法人化の背景

	日本の特質	世界的傾向
社会経済領域	経済不況 構造改革・規制緩和 経済の国際競争力強化	政府財政の逼迫 規制緩和・民営化 知識社会化
高等教育領域	18歳人口減少 大学教育重視 大学の国際競争力強化	市場原理の導入 マス化、グローバル化 大学評価

先進経済諸国の高等教育に対する欠陥、そしてその後の改革には共通するものがあると指摘している。それらは、効率性、効果、レリバンス、市場原理の導入、リーダーシップの強調などである (タイヒラー、2003年)。

天野、金子、タイヒラーの論理展開は多少異なるが、三者とも日本の大学改革や国立大学の法人化が国際的な趨勢に沿ったものであること、大学に対する社会のニーズや批判によるものであり、さらにそれをより反映するための改革であることで一致している。つまり大学改革の一つとしての国立大学法人化は、世界的傾向としての高等教育に変化を求める変動と、日本の社会経済活性化のための諸改革の動きが混ざり合い、また経済社会の改革と高等教育それ自体の領域との改革とが、複雑に混合した産物であるとの共通の見方が可能である。以上は**表5-1**のようにまとめられよう。

2. 国立大学と私立大学の区分基準

国立大学の法人化が、国立大学をどのよう変えるのかを検討するための手がかりとして、ここで国立大学と私立大学の違いをまとめておこう。その基準として、設置者、財政・財源、管理、ミッションの違いをあげることができる。

設置者：国立大学と私立大学の違いは、まず学校教育法第2条 学校の設置者の違いに求めることができる。言うまでもなく国立大学の設置者は国であり、私立大学は学校法人である。また公立大学は、地方公共団体である。学校教育法第5条には、学校の設置者が学校を管理し、経費を負担することを規定している。但し設置者が国や地方政府であっても、そのまま国立大学と

か公立大学とかいえない場合が近年出始めている。その例として放送大学や公設民営大学がある。後者は地方公共団体が、土地、建物などを提供し、事実上設置者的地位にありながら、運営は学校法人に任せている。また自治医大は、法律上は学校法人の設立する私立大学であるが、医師不足解消を狙う地方自治体が設立に大きく係わっており、他の私立大学とは学校法人のあり方が異なっている。よって設置者による国私の区分は、新制大学発足時ほどはっきりしないものといえる。

　アメリカでは、1860年代にモリル法によって連邦政府は、州政府に国有地を与えランド・グラント・カレッジの設立に主導的な役割を果たした。各州での農学工学の振興を図る連邦政府が事実上の設置者であるが、州政府はそれを基本財産として州立大学を設立し、運営は州政府ならびに各大学法人に任されている。設置時の財源と運営の財源が異なる例である。

　財政、財源：国立大学の財源は国庫（法人化後は、運営費交付金）、自己収入（授業料、付属病院収入、寄付金などである）。私立大学のそれは主に学生納付金、寄付金、経常費補助である。国立大学にも、授業料や付属病院収入という自己収入があり、国の一般会計から国立学校特別会計への繰り入れが歳出の5割ほどである。つまり国費投入は、支出の5割である。私立大学への経常費補助は現在約1割、ピーク時でも3割であった。残りの収入はほとんど授業料である。学校教育法では、設置者に財政責任があるという設置者負担主義をとっているが、実際には国立大学、私立大学とも財源の種類には、大きな違いはない。国費投入割合が多いのを国立大学、少ないのを私立大学と分類しているとみることもできる。

　国費投入額でみると、平成14年度私大経常費補助金が、国立大学より多く交付されている大学もある。例えば室蘭工業大学は特別会計、一般会計から歳出ベースで平成14年度6,848百万円である。それ以上補助金（一般補助と特別補助の総額）を交付されているのは、日本大学、慶応大学、早稲田大学、である。より小規模な小樽商科大学は歳出ベースで平成14年度2,636百万円である。これ以上経常費補助（一般補助と特別補助の総額）を受けている私立大学は受給総額1位の日本大学から28位の龍谷大学まである。もちろんこ

れは大学の規模、専門分野を無視した総額だけの比較に過ぎない。

　国立大学の財源は主に国庫、私立大学はほとんど自己収入といえるが、国庫補助は直接の機関助成だけではない。国立大学私立大学を問わず、そこに学ぶ学生に提供される奨学金を通じた助成、また科学研究費補助金や委託研究を通じた助成もある。これらは間接的に大学への財政援助となりうるので、国立と私立を国庫補助で区分するのは難しいといえる。アメリカでは、連邦政府はさまざまな研究プロジェクトを通じて、大学に受託研究の形で研究補助金を与えることによって研究需要を高め、また奨学金を通じて教育需要を喚起することによって、つまり研究教育の需要を形成することによって高等教育に影響を与えているという（金子，2002年，p. 81）。よって国立と私立とを財源、財政の違いによって厳密に区分することには困難が伴う。

　また場合によっては一つの大学のもとに、二つの財源、財政構造を持つ例もある。たとえばアメリカのニューヨーク州にあるコーネル大学は、州立大学部門を併せ持つ。東部アイビーリーグ校の一つであるコーネル大学は、設置者 Ezra Cornell の "I would found an institution in which any man can find instruction in any study" 略して "any man any study" という言葉が有名である私立大学であるが、1865年設立時からランド・グラント・カレッジの伝統を持つ州立大学の部分も持つ。現在もその伝統を引き継ぐ四つのカレッジはニューヨーク州の財政援助を受けている。学部は全米的に選抜度が高いが、ランド・グラント・カレッジの設立時からの使命により州民へのサービスにも力を入れている。収入の33％を授業料に依存し、13％が州からの四つのカレッジへの直接援助となっている。ニューヨーク州民が四つのカレッジに入学した場合、他の多くの州立大学と同様、授業料は減額される。一般学生年間授業料21,840ドルのところ、州内学生9,300ドルである。一般的には慣用によって私立とされているコーネル大学を、財源という基準を用いて私立州立と区分することは難しい。

　管理：国立大学と私立大学とを区別する基準として、管理形態の違いを挙げることができる。学校の管理は、通例、人的管理、物的管理、運営管理、財務管理の四つに分類される。日本では設置者に管理責任がある設置者管理

主義である。私立大学の土地や建物は、学校法人の所有であって、さらなる校地校舎の購入や処分については学校法人の自由である。教職員は、法人の意思によって採用数、採用時期、人材特性に関して自由に決定できる。私立大学への政府の関与は、大学学部大学院新設やそれらの改組時に大学設置・学校法人審議会を通しての審査が主なもので、その後やそれ以外は政府の管理は、相対的に厳しいものではないといわれる。特に設置基準の大綱化後は、さらに規制や管理が緩やかになったといえる。よって私立大学の人的管理、物的管理、財務管理については、政府から比較的自律的であるといえるが、学則の改正や組織の改変など運営管理については政府管理の影響を受ける。

他方国立大学は、各大学の土地や建物は国の所有であり、各大学で自由に処分できない。教職員は国家公務員であり、就業規則、職員身分などに関して国家公務員関係法令によって定められている。各大学の教職員の定員は、文部科学省によって管理されている。財政的に大きな負担がかかる改組改変は、概算要求という形で行われ、各大学と文部科学省との折衝により、各大学では独自には事実上できない仕組みである。国立大学は国が設置者であるので、管理は文部科学大臣が行う。

ミッション、研究機能：国立大学と私立大学とを区別する一つの基準としてミッションが挙げられる。アメリカのように連邦政府が大学に直接統制を行わないところでは、研究資金を政府が用意し、それを大学が競争的に獲得し、研究が進められる。この場合研究資金は、州立大学だけではなく私立大学、特に研究志向の強いエリート私大に配分されることになる。それらの大学は研究が主なミッションということになる。よってミッション、研究機能という基準では明確な公私の区別は難しい。

急速な近代化を進める開発途上国の国立大学のミッションは、国の政策に沿ったもので、エリート官僚養成、エンジニアリングのような実学教育など明確である。また日本では市場に任しておいては十分な成果が得られないと考えられる研究は、国立大学のミッションである。もちろん私立大学でも研究機能を果たしているが、それはあくまで戦前から国立大学の補完にすぎない。明治19年帝国大学令および大正7年の大学令においては、大学の目的と

して「国家の須要に応する」ことが明記されていたが、学校教育法第52条では国立大学と私立大学の目的は区別されていない。

3. 私立大学への接近：人事システム、財政構造

　以上で国立大学と私立大学とを区別することが、必ずしも厳密にはできないことを確認した。以下では法人化後の国立大学が、私立大学に近づくであろう点を指摘しておく。日本の国立大学は、現在国家行政組織の一部であり、教授会は、教育研究上では自治が認められているが、国立大学の管理運営の責任は、文部科学大臣にある。法人化後は、管理運営の責任は、各大学に移管されることになる。国立大学法人化によって、文部科学省の定員管理がなくなり、教職員を何人雇うかは大学の裁量に任せられる。監事を除くすべての役員と職員の任命権が、文部科学大臣から各学長に移管される。そして現在の国立大学職員は国家公務員としての身分を失う。よって人事制度、就業規則、職員身分などはこれまでとは異なる。職員の採用、労働基準法に依る勤務時間管理などの就業規則整備、給与支給基準、退職手当支給基準については、各国立大学法人が決定する。職員の安全衛生管理の責任は、学長が担うことになる。また雇用保険は、各大学法人が負担する。これらについては、大部分私立大学法人がすでに行っていることであり、これらの点では私立大学に近づくことになる。

　法人化後には公務員関係の法令は、ほとんどが適用されないので、私立大学の職員と同じ法制度の下に置かれることになる。ただし刑法などの適用については公務員とみなされることや（みなし公務員）、国家公務員共済組合員法など一部に公務員関係の法律が適用されることもある。法人化後の教員は教育公務員としての地位は失うが、教育職員の身分はそのままであるので、教育基本法や公職選挙法などによって教育者として制約を受ける。法人化後教員は、国家公務員法や人事院規則による政治行為の禁止については適用されないが、それに沿った就業規則が定められると、それに従わなくてはならない（盛誠吾「国立大学法人化と人事制度〜法人化移行に向けた最近の動向〜」国立

学校財務センター高等教育財政・財務研究会講演2003年11月29日)。

　これまで国の財産であった国立大学の土地や建物は、出資の形で国立大学法人の資産となり、その活用は大学の判断でできる。一定額の交付金が保障され、どう使うかは各大学の自由になる。つまりこの運営費交付金は、使途を特定しない「渡し切りの交付金」であって、使途についての前もっての国の関与はない。国立学校特別会計が廃止され、一つの管理から個別機関管理、すなわち私立大学への補助金に近くなる。また同時にそれ以外の自己収入をあげる努力が求められる。私立大学に比べ依然として国庫依存割合が大きいが、交付金などの使い方は、これまでより各大学の自律性が高められたといえる (天野郁, 2003年, p.70)。

　標準運営費交付金は、学生数等客観的指標によって算定される。また各法人の特殊事情に応じる特定運営費交付金も用意されている。さらに施設整備費補助金が交付される。授業料も標準額が文部科学省により設定されるが、10％の範囲で各大学法人が自由に設定できるようになる。この点は全国一律授業料システムをとっていた従来の国立大学制度から、私立大学により近づいたといえる。

　法人化後の会計は、国立大学法人会計基準に拠り、複式簿記、発生主義の導入、財務諸表の作成など企業会計原則に近くなる。これは学校法人会計基準に近いものではあるが、財務諸表の国私の比較は今のところできない。しかし将来の方向として統一される可能性は十分ある。国立大学法人における財務管理、資金管理(組織運営に必要な資源の管理)は、学校法人のそれに近づき、財務管理の実施の結果、格付けとして評価対象になりうる。その他について、例えば自己責任の拡大は、私立大学、企業に近くなるといえる。例えば各種損害賠償は、国家賠償法の適用により従来国が行っていたが、民法第715条によって今後は各大学法人が行うことになる。

4. 法人化と私立大学の区別

　「国立大学法人」のすがたとして①諸規制の緩和、②新しいマネジメント

手法、③学外者の参画、④人事改革、⑤目標－予算－評価サイクルの五つが挙げられている (合田, 2003年)。これらは⑤目標－予算－評価サイクルを除いて、国立大学が改革され私立大学のとっているシステムにより近くなると判断することができる。また同じく IDE 誌の別な号で、国立大学法人制度が、三つの要素から構成されているという指摘もなされている (大﨑, 2003年, p.23)。第1は、政府による大学の目標管理、第2は、大学経営の自由度の拡大、第3は学長権限集中の学内体制である。このうち第2、第3は、若干の違いはあるものの、やはり国立大学の私立大学への接近であると考えてよい。よって政府による大学の目標管理および目標－予算－評価サイクルの存在が、国立大学法人を私立大学と区別する一つの特徴となる。

この政府による目標管理は、独立行政法人制度から由来していると考えられる。独立行政法人制度では、政府事業の実施組織を法人化して、事業遂行の権限・責任をその法人にゆだね、事業の効率的、効果的実施が意図されている。そのプロセスに、主務大臣による「法人の長の任命－法人に対する目標指示－計画認可－目標達成度評価－所要措置」というサイクルがある (大﨑, 2003年, p.23)。国立大学法人の原初的形態が、独立行政法人制度と考えられ、政府の目標管理もこれに倣ったと考えられる。

ところで先に見たように国の一般会計から国立学校特別会計への繰り入れ率は、ほぼ5割であり、残りは大学の自己収入である。私立大学の経常費補助は約1割である。国立大学と私立大学の違いは、単にこの割合ではないという指摘がある。つまり国立大学と私立大学との違いは、次のように解釈されている。すなわち私立大学の経常費補助金と異なり、国立大学への運営費交付金は、「国として確保すべき事業について、その実施に必要な経費を国として確保するための措置である。しかし同時に、大学の財政的自律性を高めるため、使途を特定しない渡し切りの交付金とするものである。予算面から見れば、目標・計画・評価という枠組みは、予算措置に関するこのような考え方を支えるための仕組みである」(合田, 2003年, p.12)。これが意味するのは、国立大学のミッションに関する確認とその継続への期待であり、国立大学は法人化されても、従来どおり私立大学とは異なった機能を果たすべき

という期待である。よって運営費交付金と経常費補助金とは同じ国庫とはいえ、支出目的が異なる。そして目標・計画・評価サイクルは、運営費交付の正当性を保障するものであることが文部科学省の基本的考え方であろう。

つまり国立大学法人法第1条「大学の教育研究に対する国民の要請にこたえるとともに、我が国の高等教育及び学術研究の水準の向上と均衡ある発展を図るため国立大学を設置」と示されているように、法人化後の国立大学のミッションは私立大学とは依然として異なるのである。ここには国立大学と私立大学の明確な線引きがなされ、民営化とは基本的に違うことが示されている。

しかし国立大学の法人化に関して、文部科学省の大学改革の方向が必ずしも明確ではないという疑問は、あちこちから出されていた。結局政治的な経緯によって、大学を「独立行政法人」に無理やり当てはめたという推測が正しいのかもしれない。国立大学法人が制度として論理的な基盤を持たず、長期に安定したものとならないという推測もある（例えばIDE 2003年8-9月号 p.72）。文部科学省関係者も、国立大学法人制度がいくつかの妥協の上に成立し、矛盾点に対して今後議論が必要であることを認めている。そして制度の成否は、今後の実際に運用にかかわる人にかかっていると、この法人化システムが未だ完成したものではないとの見方を示している（合田、2003年, p.15）。

そうするとこの法人化が、国立大学制度に大きな変化をもたらさない可能性があるという見方も成り立つ。国立大学法人化を、政府の供給側への介入の方法に工夫をこらし、市場メカニズムと同様の効果を狙った改革である「擬似市場化」改革ととらえている研究者もいる。「擬似市場化」は「政府の供給側への介入を前提として、その形態に、一般に市場の機能の一部に相当するものを何らかの形で導入することを目的とするものである」と定義される（金子、2002年、p.81）。

法人化によって、個別の国立大学はより競争的で市場的な環境に置かれることになると（一般には）理解されている（金子、2002年, p.83）。その市場において政府からの補助金は、基本的には学生数などをもとに算出されるが、

大学が政府との協議の上で設定する中期目標の達成度、さらに年々の教育研究上の活動水準が、国立大学法人評価委員会によって評価され、それが予算に反映されることになるという政府の管理統制下にある「擬似市場」であるという。よって法人化によって個々の大学は、政府組織から独立の法人となり、財政上も独立した組織として企業会計と同様の基準で管理されるといっても、従来の国立大学の使命が政府によって規定され、それに要する費用はすべて政府財源によって賄われるシステムと変わらないことになる。つまり日本の国立大学法人は、人員および組織の上では政府組織から独立はしたが、その機能において政府組織の一部と変らないことになる（金子，2002年）。

　金子は、大学の経営形態を国家施設型、法人型、政府立型、営利型と分けている（金子，2003年）。これまでの国立大学は、国家施設型であり、私立大学は法人型として分類されるだろう。問題は国立大学法人が、国家施設型から法人型への移行と考えることができるかどうかということである。結論的には国立大学法人化は、金子の指摘するように国家施設型から法人化への移行ではなく、国家施設型の範囲内での部分的な修正であるということができよう（金子，2003年）。つまり国立大学は現行制度とさほど変化しないことが起こりうる。そればかりか政府の権限が、実質的に強まることが考えられる。そして政府の管理強化は、社会ニーズに対する大学の対応を必ずしも効率化しないので、社会の多様ですばやく変化する要求に、国立大学が応えられないままでいることが予想される。さらに学長および学長の指名する役員会の権限が大きくなるが，その権限を監視・監督する主体が明確でないので、運営に混乱が生ずることも危惧されている（金子，2003年）。

　文部科学省に置かれた「国立大学等の独立行政法人化に関する調査検討会議」は、2002年の春「新しい『国立大学法人』像について」を発刊したが、その報告書のはじめには「消極的な発想ではなく、積極的な発想に立って」という期待が込められている。しかし現実は「消極的」な具体化策といわざるを得ない。

5. 法人化の問題

　最後に国立大学法人化における問題を2点指摘しておく。第1に、2004年4月からスタートする法人化の具体的な詰めが、まだ残されていることである。例えば、中期目標・計画の具体的中身と評価の方法が、まだ明確な形で大学と文部科学省の間で共有されていない。すでに各大学は中期目標原案を2003年9月に文部科学省に提出済みであるが、内容において数値目標などが提示されず具体的でないという見方がされている。そして中期目標・中期計画案の評価についても、それを行うとされる国立大学法人評価委員会は発足したが、評価の方法や基準についてまだ明確でない。特に中期目標期間の6年間の実績評価についてはほとんど決定されていない。よって国立大学評価委員会の今後の決定によっては、各国立大学が中期目標原案を再度提出するということも考えられる。

　しかしこの中期目標・計画の実体は、時の経過によっていずれ具体化するだろう。むしろ問題は、この中期目標・計画とその評価が、はたして教育研究の質の向上をもたらし、業務運営の改善・効率化、さらに財務内容の改善の達成に貢献するかである。これについては悲観的見方が支配的である。中期目標・計画の評価が単に予算削減の口実にされることもありうる。

　第2に、国の管理統制が強くなるという危惧である。国立大学法人化のモデルは、イギリスの高等教育システムに近いといわれるが、それは政府の大学への関与をできるだけ小さくしようとするシステムである。しかし2003年7月に成立した国立大学法人法には、これまでの国立大学制度より、政府の管理を大幅に縮小しようという発想は見当たらない。国立大学が法人格を持つことを単純に解釈すれば、設置者が国から国立大学法人に移管され、財政責任および管理責任が国から大学法人に移され、先に見たようにこれまでより大学は政府から自立した存在になる。しかし文部科学大臣に学長や監事の任命や中期目標・計画に対する決定・認可権が認められている。これは法人法の成立時から議論されているように、これまでより政府の大学に対する管理が強化されたと見ることもできよう。

国立大学法人法には、「国は、この法律の運用に当たっては、国立大学及び大学共同利用機関における教育研究の特性に常に配慮しなければならない」という条文（第3条）が設けられている。これは国の関与が強くなることを戒め、国立大学及び大学共同利用機関の教育研究学問の自由への配慮を求めたものであると解釈できる。しかし国立大学法人評価委員会が設置され、これによって各大学の中期目標・中期計画の達成状況が評価される。この評価委員会は総務省の政策評価・独立行政法人評価委員会による評価活動と密接な関係を持ち、国立大学は、財務省や総務省からもコントロールされる可能性が強くなった。「教育研究の特性への配慮」の条文の存在はむしろ、これからの行き過ぎる政府の管理を強調している感じすらする

　国立大学法人評価委員会の教育研究等の評価は、次期以降の中期目標期間における運営費交付金等の算定に反映される。これについても文部科学省の国立大学法人に対する強力な統制になることが危惧されている（天野郁, 2003年, p.61）。法人化に関して表明されている懸念（大学運営への国の関与、行政改革の優先、予算削減、基礎研究の後退、国立大学の統廃合、地方国立大学の衰退など）のほとんどは、現行設置形態のもとでも課題となっていることが指摘されている（合田, 2003年, p.12）。しかし従来の国立大学のシステムでは、政府は少なくとも目標を管理し、評価によって大学を統制することはなかった。評価の内容方法についても、国立大学評価委員会の機能について十分な議論が必要であると思われる。さらに文部科学省の統制強化は、国立大学法人化とは直接的に無関係な私立大学にも及んでいる。私立大学については、設置基準がいっそう緩和されるのに引き換えて、第三者評価の導入が義務付けられる。これは政府の認証を受け、政府の財政支援を受ける機関による評価を私立大学すべてに義務付けるものである。目標・計画・評価が国立大学への運営費交付の正当性を保証するものであるべきものとしたら、ほとんど自己収入で経営されている私立大学にもなぜ同じシステムが導入されるのか疑問の残るところである。

　かつて国立大学の独立行政法人化が検討された際、そのねらいとして指摘されたのは、①行政のスリム化、②効率化、③大学改革の三つである。そし

て法人化は何よりもまず大学改革の推進を狙いとするものであることが強調された（合田，2003年，p.12）。③の大学改革は言い換えれば、教育研究の活性化であろう。それによって大学が社会のニーズにすばやく応えることが期待された。これまで文部科学行政の一環として国立大学が運営されていたのが、法人化によって自主自律的に運営されることになるというのが理念であろう。しかし効率化目的で自由度を高めた結果として評価を導入し、これが国の大学への関与を強め、結果的に効率化、さらにはスリム化が損ねられることも十分予想される。

6. まとめ

　高等教育のマス化により政府の高等教育財政負担が大きくなり、国際的には大学の私学化は避けられない。例えば中国での私立大学の成長、公立大学の私学化・民営化の理由は、国の財政負担の軽減である。しかし日本の国立大学の法人化は私学化ではない。確かに法人化によって人事システム、財政システムは学校法人のそれに近づいたといえる。しかしこれまでの国立大学と同様、政府が国立大学の使命、機能を意識的に支え、また財政負担も従前どおり行うので、法人化は私学化とは異なる方向であると判断することができる。高等教育に対する政府財政の大幅削減が実施されていないので、私学化が避けられたと考えることができる。そればかりか経済・産業の国際競争が益々厳しくなり、それによって大学の研究教育の競争力強化の要求が強まれば、高等教育関係予算の大規模カットが避けられ、国立大学法人化システムはしばらく継続するであろう。しかし今後国立大学法人予算が大きく削減されるようなことがあると、次のステップへの改革に移行せざるを得ないことが考えられる。その場合全国の国立大学を一律に扱い、資金調達を市場で行わせる割合を徐々に高めていく民営化システムに移行する方向が一つ考えられる。また全国の国立大学を差別化して扱い、一部を国立大学として残し、あとは民営化するという方向も別なオプションとして考えられる。

第6章　日本とスウェーデンの国立大学改革

1. はじめに

　日本では2004年4月より国立大学法人化制度が導入され、各国立大学は法人格が与えられた。同時に各大学は中期目標・計画を文部科学大臣から定められ、それに従って業務の遂行がなされることになる。また資金配分方法には、使途の自由裁量度の大きい運営費交付金というブロック・グラント方式が採用された。さらに学長の権限が強化され、役員や職員の任命は、学長が行うことになった。法人化を契機に導入された政府の目標管理、ブロック・グラント方式、学長権限の強化は、日本では同時にシステム化された。他方スウェーデンでは、国立大学に法人格は与えられておらず、行政組織の一部である。しかし過去30年にわたって政府から大学理事会への権限委譲、翌年度への繰越を認めるブロック・グラント方式、目標と成果による政府の管理制度が、逐次導入されてきた。

　本章では、日本の急激な改革を経て誕生した国立大学法人制度と、他方日本に比べると緩やかな改革を行っているように見えるスウェーデンの国立大学制度を比較検討する。また日本の国立大学の法人制度の問題点を指摘する。

2. 日本の「目標による管理」

　2004年4月から国立大学法人制度が発足した。各国立大学に独立した法人格が与えられ、経営の自立化と、それに伴う自己責任が強調されることになった。法人化の一つの特徴は、「目標による管理」の経営手法を取り入れたことである。それはイギリスなどで開発されたニュー・パブリック・マネージ

メントという公共部門の効率化を図る考え方から来ている。目標による管理は、経営の効率化を図るために、民間部門ではすでに広く用いられている手法である。組織全体や部門あるいは個人が、達成すべき目標を設定し、それに沿って行動する。そして一定期間後、得られた業績が評価され、それを次期の目標に反映させることに特徴がある。

国立大学の法人化は、この目標による管理手法によって、経営の効率化を図り、研究教育の活性化を目指すものである。法人化制度の下では、目標・計画・評価のサイクル (plan-do-see) が導入され、このサイクルの期間は6年である。各国立大学はこのサイクルに従って、教育研究の活性化と、経営の効率化を図ることになる。このサイクルを**図6-1**に従いながら、見てみる。

このサイクルは、各国立大学法人が、文部科学大臣に中期目標の原案を提出することから開始される（図6-1①）。そして大臣は各国立大学法人の中期目標を提示・公表する（図6-1②）。それに沿って国立大学は中期計画を作成し、それが大臣に提出されることになる（図6-1③）。その後、国立大学法人評価委員会が中期目標・中期計画案について意見を表わす（図6-1④）。それらの

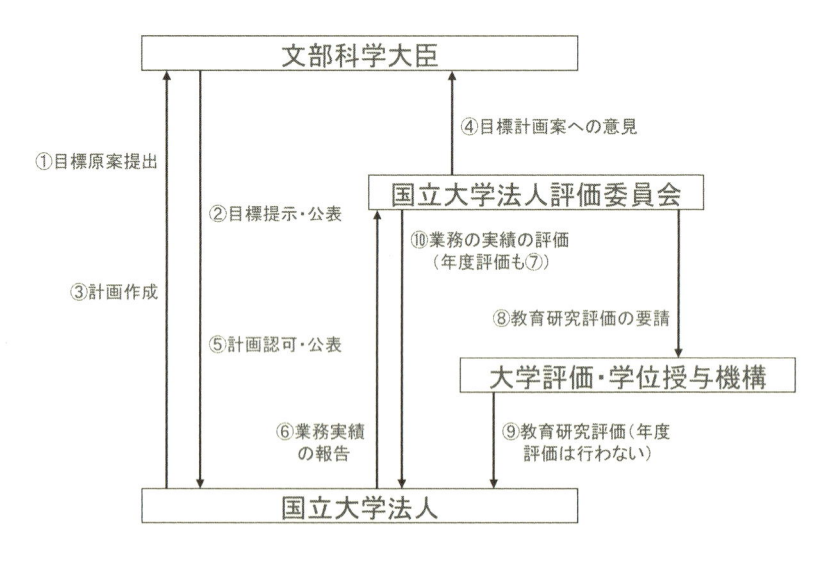

図6-1　中期目標・計画のプロセス

プロセスを経た後、文部科学大臣は、国立大学法人の中期計画を認可することになる (図6-1⑤)。

3. 中期目標・計画の画一化

　すでに公表された各大学の中期目標・計画を検討すると、多くの類似点があることがわかる。これは文科省の用意したフォーマットに、各大学が引きずられてしまったからだと考えられる。中期目標・計画提出の初年度でもあり、文科省は各大学が記載しやすいように、フォーマットを用意した。たとえば中期目標には以下の6点が記載される。①大学の基本的な目標（前文）、②教育研究の質の向上、③業務運営の改善・効率化、④財務内容の改善、⑤自己評価・情報発信、⑥その他の重要事項、ここには施設設備の整備等、安全管理が含まれる。これによって各大学の目標・計画策定が容易になり、それらを集計したとき、各大学の目標・計画が比較しやすい利点はある。章末の附表は、一部の大学の中期目標・計画のうち特徴的なワードをまとめたものである。

　しかしここにはフォーマットからはずれた個性のある目標が立てにくく、各大学の目標が類似、画一化してしまう欠点もある。また人事の適正化に関する目標において、任期制の導入など議論の余地のある問題が、すでに導入を前提として、項目にあがっていることも問題である。

　各大学が中期目標・計画を作成する際、頭を悩ますことになったのは、計

表6-1　中期目標・計画の数値例

横浜国立大学	法科大学院司法試験合格率を70％程度
東京学芸大学	教育系卒業生の教員就職率60％
静岡大学	特許取得数倍増（平成16年度25件）
滋賀医科大学	医師国家試験合格率95％以上
熊本大学	中期目標期間中、外部資金25％増
東京医科歯科大学	病院収入2％増収
東京海洋大学	管理的経費毎年1％縮減

画を達成できないと、次期運営費交付金が減額されうることである。そのため各大学は、達成不可能な中期目標・計画を掲げることを避ける傾向にあった。よって中期目標・計画が防衛的になり、大学がミッション・インポッシブルに挑戦することがなくなるケースが生じた。こうなるとむしろ研究教育の活性化を促進しないと思われる。さらに大学によっては、中期目標・計画に示されていない事項を行ってはいけない、と解釈したこともあった。しかしもしそういう解釈がなされると、大学の教育研究面での思わぬ発見能力、すなわちセレンディピティが発揮されない危険もある。

　目標・計画の管理は必要であるが、それが形式主義に陥ると、古くから大学の持つ社会からの先進性、発見可能性、予測不可能性などの特性が失われる危惧が生じる。

4. スウェーデンの目標と成果による管理

　スウェーデンの国立大学13校と新しく大学に昇格したユニバーシティ・カレッジ23校の法的な地位は、日本の法人化前の国立大学に近く、中央政府の行政機関の一部である。現在でも各大学に法人格はない。しかし1993年の改革で、目標と成果による経営システムが高等教育機関に導入された。そこでは政府と議会が目標を設定し、各機関は目標に合致した課題を与えられる。政府が大学等の目標を定めるのは、日本と同じである。政府は予算額や配分方法を記した予算指針書、理事や学長の任命などを通じて機関の統制を行う。各機関は政府に年次報告を行い、政府はさらにそれを議会に誇り承認を得る。

　目標と成果による政府管理でしばしば強調されるのは、目標設定に当たって、政府や教育科学省と高等教育機関との親密な討議である。OECDのレポートでは、この討議が十分なされることが、目標と成果による経営が成功するかの鍵と指摘されている（OECD, 2006年）。目標設定に当たっての緊密な討議は、国立高等教育機関が26しかない小規模な高等教育システムにおいて可能と考えられる。87大学を抱える日本の国立大学システムでは、別な方法

によらざるを得ないだろう。

　スウェーデンの各高等教育機関は、理事会の承認の後、政府に経営報告、年次報告、中間報告、予算資料を提出しなければならない。これらは、目標と達成成果の比較、収入状況、貸借対照表、予算会計、キャッシュフローなどの情報である。

　高等教育機関が提出する各報告書は、主として以下の三つの政府組織が評価することになる。まず高等教育庁は、高等教育に関する政府機関である。それは年次報告を用いて高等教育機関の質保証活動を検査する。またそれは機関からの学位授与権申請を審査することも行っている。高等教育庁は2001年から6年間に高等教育のプログラムの評価を行っている。それは大学の自己点検と外部評価に基づくものである。

　次に財務経営庁は財務情報を通じて、高等教育機関の財務に関する評価を行う。財務経営庁は、高等教育機関を含めた政府部門の財務経営改善を行う専門機関である。また監査院は高等教育機関の年次報告を監査し、監査報告を発表する。なお高等教育庁、財務経営庁、監査院は、高等教育フォーラムという協力プログラムを組織し、高等教育分野における会計システムの開発、会計システムの運用の検討を行っている。このようにスウェーデンでは、高等教育の評価は、政府組織が行い、日本とは若干異なっている。

5. 日本の評価システム

　日本の法人制度において、中期目標・計画期間中、各国立大学は、毎年、年度計画を作成し文科省に提出する。大学はこの年度計画に従って、教育研究活動を展開し、管理経営を行う。そして年度計画および中期計画の終了後、それぞれの評価が行われる。この評価には、三つの組織が関与することになる。

　まず国立大学法人評価委員会がある。これは中期目標・計画が、文部科学大臣によって認可される前に、意見を大臣に提出する（図6-1④）。そして各大学は年度計画および中期計画の終了後に、業務の実績を評価委員会に提出する（図6-1⑥）。そして法人評価委員会は、年度計画について、教育研究を

除いた実績の評価を行う（図6-1⑦）。中期期間終了後には、教育研究面に加えて経営面での業績を、総合的に評価する。この国立大学法人評価委員会は、法人に総合評価結果を通知し、公表する（図6-1⑩）。また必要があれば、業務運営の改善等の勧告を行うことになる。このように法人評価委員会は、目標・計画・評価サイクルのすべてに関与する重要な役割を持つ。

第2には、大学評価・学位授与機構がある。これは法人評価委員会からの要請を受けて（図6-1⑧）、各大学の教育研究面の評価を行う（図6-1⑨）。また第3の総務省の政策評価・独立行政法人評価委員会は、国立大学法人評価委員会の評価通知を受け、文部科学大臣に対して主要な事務・事業の改廃の勧告ができることになっている。これらのプロセスがすべて終了すると、再び最初の①に戻る。

評価結果の活用については、各大学自身の改善の指針、次期中期目標・計画への反映、運営費交付金の算定への反映の三つが想定されている。理念的には、決して大学を順位づけるためではない。

6. 日本における政府管理

法人化準備のプロセスでは、大学の自立性が強調された。それなのに、なぜ政府は大学の中期目標を示し、計画が大臣によって認可されなければならないのか、という批判や疑問が主に大学側から出された。しかし中期目標の作成プロセスを検討した限りでは、ほとんど大学側のイニシアティブで作成された、と考えてよい。文部科学省の意向が、各大学法人の中期目標に直接反映されているとは思われない。それは中期目標・計画の修正が、どのようになされたかを検討することで推測することができる。各大学が作成した中期目標・計画の原案と、文部科学省の修正箇所は公表されている。見え消し部分を見ると、些細な部分の修正がほとんどであり、中期目標の提示時点では、政府の管理が強くなったとは思われない。もし政府の管理が強くなるとすれば、この時点ではなく、中期目標・計画期間の終了後、評価がなされ、それが次期予算配分に反映される時点であると考えられる。

大学からすると、法人化後には、もっと教育研究や管理経営を自由に行いたいと思うかもしれない。しかし大学の教育研究および経営を行っている事業費の半分は、運営費交付金という税金である。国民からすると、これらの税金は、本来の目的に合致して、効率よく使われているか、知りたいところである。そのために目標・計画・評価のサイクルが導入され、政府の目標管理がなされるのだ、と解釈することができる。中期目標・計画の管理は、各国立大学の教育研究の活性化および業務運営の効率化、すなわち大学内部の効率化にはよくできた仕組みだと思われる。

　しかし効率化を図らなければならないのは、それぞれの国立大学内部ばかりではない。国立大学法人制度全体の効率化も必要である。例えば今後必要と予測される分野の人材養成は、どこかの国立大学でなされるのか、制度全体で重要な研究分野が抜け落ちていないか、高等教育機会は全国で平等に保障されているか、研究人材や研究施設が十分でない大学に、特定の研究費が配分されていないか、研究分野の重複や研究者の余剰はないか、国立大学法人全体で考えなければならない効率化、すなわちシステム効率は見落とされがちである。これについては、国立大学法人評価委員会も2005年春に、ようやく気づき、法人全体の状況を把握することに努めるようである。

7. 財政システム

　スウェーデンの高等教育機関への資金は、「成果」によって一括予算（ブロック・グラント）として配分される。この成果とは学生数と卒業者数であり、これに専門分野の教育費用特性を加味して、配分額が計算される。配分額には、建物、固定資産の借料を含むすべてのコストを含んでいる。剰余は10％まで認められ、翌年度に繰り越すことができる。OECDのスウェーデン報告書では、資金配分においてしきりに「成果」による方式が強調されるが、この成果とは基本的には学生数であり、日本の国立大学法人への標準的運営費交付金算定に用いられる学生数の扱いと変わらないと思われる。各高等教育機関が独自に授業料を徴収することはなく、現在でも無償制である。研究と博

士課程への資金配分は成果によっては行われない。スウェーデンでは研究の自由は法によって保障されるが、研究費の配分は、専ら政府が行う。最近では16の研究拠点大学が選定され、特別な予算配分が行われた。

スウェーデンの大学会計は、1990年代初め企業会計に近いものに改められた。予算会計から移行し、各機関は貸借対照表と損益計算書を準備しなければならない。企業会計では、企業は貸借対照表に掲載されている資産を統制できる。しかしスウェーデンの高等教育機関は政府部門に属するので、資産に限定された統制しかできない。資産と設備は「永久使用」と見なされている。高等教育機関が得たキャピタルゲインは国に返還しなければならない。機関は固定資産を保管するのではなく、政府の保有する会社から経営に必要な固定資産を借用する。結果的に高等教育機関の貸借対照表総額は、比較的低い額とならざるを得ない。よって機関の貸借対照表は、財務状況を正確に表しているわけではないという批判もある。この点については、2005年に初めて公表された各国立大学法人の財務諸表が、経営実態とは異なっているという批判と類似している。

政府が監査院検査の結果によって、高等教育機関の財政が望ましくないと判断すると、特別委員会が組織される。当委員会はデータを収集し改善策を提案する。過去に3機関がこれに該当したという。経営責任は理事会にあるが、これまで経営の失敗によって理事または学長が解任されたことはない。

スウェーデンの高等教育費と研究費の支出総額は、2002年GDPの2.2%を占める。高等教育機関の活動コストは、GDPの1.8%弱である。1990年代中ごろ政府財政改善のため、公的部門の予算削減がなされ、高等教育機関への配分額も減少した。高等教育機関は行政機関の一部であるが、近年では、外部資金の導入も積極的に行われている。外部資金には、研究カウンシル、中央地方政府、企業等が含まれる。

8. 評価による予算配分

日本において法人化制度の導入に伴い国立学校特別会計は廃止された。各

国立大学法人は国から運営費交付金を交付される。これは使途の制限を設けない渡しきり交付金、ブロック・グラントである。運営費交付金は標準額と特定額とがある。標準額は学生数等の客観的指標によって算定され、特定額は各法人の事情に応じて個別に算定される。法人化後には、授業料も国が定める標準額の10％までなら各国立大学法人が独自に設定できる。また剰余金も認められるようになった。施設費については、中期計画の範囲内の事業を対象として施設整備費補助金が交付される。そして日本の特徴的な制度は、中期目標期間終了時の評価結果が、次期の中期目標期間の運営費交付金に反映されることである。ここで重要なのは、評価の公平性とタイミングである。

　各大学の中期目標・計画をみると、大学の規模によって、内容に違いがあることが分かる。単科大学の計画は、具体的で第三者に理解しやすいように思われる。しかし複数の学部、大学院等で構成されている大学、特に大規模総合大学の計画は、具体性に欠ける傾向にある。これは各部局の計画を持ち寄って、計画が策定されたため、いたし方ない点もある。しかしそのように異なった背景から作られた計画の達成評価に、どのように公平性が保障されるのかは、今後の検討課題と思われる。

　またタイミングの問題も重要である。第1次中期目標・計画の終了後、評価がなされる。しかし各大学法人は、第2次中期目標・計画をその前に作成することになる。そうなると第1次の中期目標・計画の評価結果を、第2次中期目標・計画に反映させることができなくなる。つまり先に指摘したように、評価の目的が単なるランキングではなく、次期目標・計画への反映、大学の改善指針であるのに、その目的に沿うことができなくなる。

　または第1次の中期目標・計画の評価を第2次の中期目標・評価に反映させるために、各大学の中期目標・計画の評価を1年前に行うことも考えられる。しかし評価の元になる各大学の自己点検・評価は、その1年前に準備される必要がある。つまり第1次中期目標・計画が4年経過した時期に、各大学法人で評価資料が用意されることになる。こうなると中期目標・計画期間が事実上短縮され、6年間の持つ意味が変更されてしまうことになる。

　また運営費交付金が、第1次目標・計画の評価結果に基づいて配分されると、

第2次中期目標・計画が、そのまま遂行されることができなくなる可能性も出てくる。よってこのタイミングの問題をクリアする必要がある。この問題は、中期目標・計画の終了時だけでなく、各年度の計画の終了時と、その評価の行われる時にも生じる。

9. 数値的と抽象的目標・計画

ある国立大学法人の中期目標・計画は、抽象的に記述されている。しかし表6-1のようにそれを具体的な数値によって掲げている大学もある。この場合数値目標は達成されるか否かが明確になり、評価がしやすくなる。危惧されるのは数値目標を挙げた大学の評価が、厳しくなり、そうでない大学の評価が曖昧になる点である。

また具体的な数値を上げた大学でも、その数値がはっきりとした定義がなされていないと不明確になってしまう。例えば合格率が〇〇％以上と示されても、その対象が最終学年の全学生なのか、その試験の受験生だけなのか、が定義なされていないと数値自体が、意味を持たなくなる場合がある。また合格率〇〇％は、当該大学にとって過去の実績から考えて容易に達成できる水準なのか、それともかなりの努力を必要とする水準なのか、その大学の過去の実績、他大学の水準を考慮して評価が必要となる。法人化されて間もないため、目標・計画・評価のサイクルはまだ1回転していない。決められていないことも多く、今後もいろいろな問題が生じることが予想される。

10. 政府権限の委譲

日本における国立大学法人化後の学内体制において、学長に権限を集中化させたことが特徴である。監事は大臣が任命するが、役員としての理事をはじめ、その他のすべての教職員は学長が任命する。法人化後、主に経営面を審議する機関として経営協議会が設けられた。それは議決権を持たないため、学長を拘束するものではない。経営協議会委員は学長が任命するが、半数以

上が学外委員である。経営協議会の学外委員は学長選考会議のメンバーにも加わる。

　日本の私立大学の理事会や、スウェーデンの高等教育機関の理事会は、経営についての議決機関である。日本の国立大学では、学長と理事で構成される役員会も経営協議会も、審議機関であっても議決機関ではない。権限責任がすべて学長に集中している。理事会ではなく、学長に大きな権限を与えたのが、日本の法人制度の特徴といえる。

　法人化後は教職員の任命権が、文部科学大臣から学長に移管された。教職員は国家公務員ではなくなり、勤務時間管理などは労働基準法に則り、各大学法人が勤務時間に関する規定を就業規則に整備することになった。年金等社会保障については国家公務員共済制度を引き続き適用するが、国家公務員制度下の各種規制が撤廃され、職員の採用に関しても各大学法人で独自採用方法をとることができ、民間等から中途採用してもよい。制度上、給与も大学で独自に決定できる。しかし退職金の制限から自由度は限られているという不満が大学からもれている。

　スウェーデンでは1977年の高等教育改革で、政府の高等教育機関に対する権限が大幅に委譲された。機関の自由裁量が大きくなったと同時に、責任が機関に移された。各機関には理事会が設けられ、それが機関の指導責任を取ることが、高等教育法及び高等教育規則の中で定められている。理事会は機関の課題達成を監視し、資源配分などの重要問題の決定を行う。政府は15名の理事のうち過半数の任命を行い、理事長は学外の学識経験者で政府が任命する。

　学長も政府によって任命され、大学の運営に責任を持つ。学長の任期は最長6年で、さらに3年任期の2回の更新が可能である。学長は理事会の提案に基づいて行動し、理事会に活動報告を行う。大学は中央政府の行政組織ではあるが、教員の任命権は学長にある。規制緩和によって、中央政府の決定権が一般的なものに限定され、高等教育機関の意思決定範囲が拡大した結果である。

　機関の責任が大きくなるにつれ、理事会メンバーや学長に対する経営研修

の必要性が高まってきた。これらの研修は個々の機関の責任でなされるが、政府も高等教育庁に経営者研修を行うよう命じている。内容は戦略的経営、大学の社会的使命、人材開発などである。

11. まとめ

スウェーデン政府は、高等教育機関に対して強力な統制をしつつ、400年以上の歴史のあるルンド大学やウプサラ大学などに対して大きな自治を許しているように見える。OECDリポートによると、スウェーデンの高等教育改革は、政府および大学やユニバーシティ・カレッジの経営者からは、好意的に受け取られているようである。目標と成果による政府管理、ブロック・グラント方式、理事会主導による高等教育機関の管理と経営の現状も理解されているようである。

その理由の一つは、スウェーデンの国立大学システムが僅か36大学で構成される小規模なため、政府、教育科学省と高等教育機関とが、事あるごとに親密な討議ができることであろう。このような討議は、目標の設定、予算作成、年次報告のなされる機会に行われるようである。

表6-2は、OECDによる各国の高等教育機関の管理システムの特徴をまとめたものである。四つの分類であるので、各国がどのシステムを採用してい

表6-2　OECDによる国の高等教育管理システムの類型

制度類型	高等教育機関の主要特徴				
	法的地位	構造と計画	スタッフ	資産	資金源
国の所有	公的部門	国の決定	公務員	国有	国の予算、剰余金保持不可
国の代行	公的部門・独立法人	国の承認	主要スタッフ、国が任用統一的給与、労働条件	国が資金交付、管理、処分	国が中核資金交付、収入・剰余金制限
国・私協力	国が規制する私的部門	国が協議、影響（資金供与を通じて）	国の影響・規制下で機関雇用	私有、国の一部資金供与	中核資金と契約収入、収入創出・保持可能
私・国	私的部門	国は関与せず	私的雇用	私有、国の資金なし	契約、企業収入

出所：OECD, 2005年.

るかは正確に位置づけることはできない。しかしスウェーデンの高等教育システムは、法的地位からいうと最上行の「国の所有」システムである。しかし権限と責任の多くは、機関に委譲されている。また剰余金の保持も認められている。日本の国立大学は、法人化以前は明らかに、「国の所有」システムであった。それが法人化後は法人格が与えられ、「国の代行」システムに近づいたと思われる。また日本の私立大学は最下行の「私・国」システムである。

　スウェーデンの高等教育改革と日本の国立大学の法人化を比較すると、スウェーデンの改革が漸次的に行われているのに対して、日本の法人化が早急かつ根本的な改革であると思われる。スウェーデンの改革が過去30年で少しずつ進行してきたが、日本のそれは短期間に大きな変化を経験したといえる。過去に改革を怠ってきたと批判するのか、根本的な改革を短期間で成し遂げたと評価するのか、ここではどちらか判断できないが、対照的な両国である。

　行政機関の一部であった日本の国立大学に、法人格を与えるのは、国際水準の大学作り、教育研究の活性化という目的であるといわれた。そのために各法人には「民間的発想」のマネジメント、大学運営の基本的な方針の設定、学外者の経営参画、「非公務員型の」人事システム、情報公開、評価の徹底などのシステムが導入された。しかしスウェーデンの国立大学改革を検討すると、大学に法人格を与えなくても、これらのシステムが導入されることが可能であることが分かる。大学が行政組織の一部であることが多いヨーロッパでは、ドイツ、フランス、オランダなどが大学に法人格を与えている。この点についてスウェーデンが特異な方式を採用しているのかもしれない。

98 第2部 国立大学の法人化と授業料

第6章附表 国立大学法人の中期目標・計画

	基本目標	教育	研究	その他の目的	業務運営	人事	事務	財務内容	資産運用	その他
総合大学旧帝大										
北海道大学	フロンティア精神 国際性の涵養 全人教育 実学の重視	コアカリキュラム 国家試験専門職業人 5教科7科目入試 多様な学生 インターンシップ ボランティア GPA FD 社会人長期履修制度	世界的水準 大型研究教育プロジェクト 萌芽的研究支援 新任教員支援促進 知的財産の大学帰属	リカレント教育 公開講座 リエゾンオフィス	ボトムアップ機能 トップマネジメント 総長室 役員補佐制度 20%共用スペース 内部監査組織	公務員制度改革要員 インセンティブ 職員選考 人事交流 コース別人事管理		外部資金公表	資産把握	
東北大学	研究第一 門戸開放 実学尊重	少人数教育・基礎ゼミ 世界的リーダー 高度専門職業人 アドポリシー 英語インターンシップ T.A.教員研修 成績評価の厳格化	プロジェクト研究強化 COE TLO 競争的資金 オーバーヘッド 評価機構反映 研究評価指標		教員運営負担軽減 リーダーシップ 評価分析室 監査室	インセンティブ給与 職員公募 TOEIC職員採用	アウトソーシング 購入一本化 職員研修	オーバーヘッド 寄付収入	外部専門家	PFIによる学生宿舎建設
東京大学		人材育成、複合性			総長のリーダーシップ 学内資源配分	教員任期制制度	集中的処理 電算化	自己収入 間接経費 授業料		
名古屋大学		国際水準	世界最高		内外教職員募集 重点戦略 資源配分ルール	他大学出身者 教員任期制制度	集中化 情報化	資金導入 重点投資	外部専門家	情報公開
京都大学	自由の学風 研究の自由 自学自習	キャリアサポート 入試情報の広報活動 全学共通教育科目 ケース型授業の集中申請 教員の外国語教育 インターンシップ ナイダンス 博士論文の審査基準	国際共同研究の拠点 海外研究拠点の設置 研究資金配分システム 知的財産本部設置 TLOとの連携 京大国際シンポジウム		部局長会議 常勤理事を副学長 国大協近隣大学と連携任 国大協近隣大学と連携推進	各部局が教員人事 教員人事評価ステアリーダ・リスク 職員評価の柔軟な選考 職員評価と連動した給与推進 サバティカル制度 任期付き教員 実務研修制度	アウトソーシング	申請件数増加	バイオ対策 PFI ISO14001認証 同窓組織設立 教育研究振興財団 学術講演会 大学出版会
旧官大 (文理)						裁量労働制 副学長、調整官 外部資金副学長				
筑波大学		卒業後進路 実務型専門職業人 見識の説明会 多様な選抜方法 T入試制度、eラーニング 教育インセンティブ、FD 定期ガイダンス、課外活動	TLO 学内公募プロジェクト RA デュアルサポート 発明届出、補填制度 UMAP単位互換		副学長、調整官 学内資源配分システム 間接経費 コンサルタント 内部監査					

第6章　日本とスウェーデンの国立大学改革　99

大学	基本目標	教育	研究	その他の目標	業務運営	人事	事務	財務内容	資産運用	その他
神戸大学	自由で平和な大学	国際的に卓越 外国語、情報リテラシー	世界最高水準 COE 重点研究項目 外部資金、競争的資金	学長のリーダーシップ 学外の人材登用 監査室 学内資源の5％確保	任期制		自己収入	資金活用 利用料金 HP 広報室
広島大学	世界トップレベル 人材施設財源の 一括管理	TPEIC、AO選抜、GPA 幅広い年齢層 海外研究拠点 複数研究科の兼担制 学生総合支援センター 独自奨学金制度	COE 大学出版会 研究主担当制度 競争主体配分 TLO 社会連携推進機構	学長室 研究科長裁量権拡大 3区分の人材配分 学外専門家非常勤 法科大学院	新給与制度 人事評価処遇に反映 職員評価 職員複線形キャリア 採用方法、人件費管理	業務マニュアル 地域ブロック試験	外部資金専門 コーディネーター 経費抑制インセンティブ、加算分	施設使用面積 基礎配分と 総合基幹業務 システム（EPR）
旧官大 （医系あり） 金沢大学		多様な学生の受け入れ 研究教育組織の分離 アドポリシーの明確化 非常勤講師減少	アジア地域研究大学 COE 任期制、競争原理	学長室設置 副学部長 内部監査組織			自己収入 TLO活用	北陸地区連合 同窓会組織化
熊本大学	地方中核都市の 総合大学 地域と国際社会 に貢献	教養学部の大学院連携 CALL projectbasedLearn 教育重点化 授業料免除システム	拠点形成研究 COE 研究戦略会議 教育の効果的配分 熊本大学LINK構想	役員会施策立案機能 会議の教員負担軽減分 重点的資源配分	外部専門家 年俸制 アウトソーシング サバティカル 職員独自採用 職員研修制度		外部資金25％増中期 目標期間中 管理費毎年1％減 施設マネジメント	発生医学センター 校舎改修 PFI
新潟大 （総合） 山口大学	地域の基幹総合 オンリーワン 世界水準独創研 卒業生育成 東アジア交流	TOEIC IT活用能力 学業到達度システム 入門科目 GP 授業改善ピアレビュー SCS 連合獣医学研究科 奨学金情報提供 山口TLO連携MTO教育	医工系 環境衛生学 生命科学 教員評価システム 教員職員コミュニティー 競争的資金配分 施設有料化 学外の有識者・専門家 教育研究分野の再編	副学長分業制 リスクマネジメント 業務評価制度の確立 教員職員任期 採用時・年俸制 教員の戦略的配置	教員人事評価システム アウトソーシング 多様な教員登用試・処事務組織の幅成 教員任期制 年俸制 生涯学習研修制度 人件費by算定ルール	科研費全員申請義務 ロイヤリティー収入 生涯学習事業収入 コンサルタント収入 印刷費10％減	教員評価データ100％ 法人評価委員会活 施設マネジメント
鹿児島大学	国際的人材 コミュニケーション能力 ディベート、プレゼン 情報リテラシー 留学生受け入れ TOEFL、TOEIC 海外単位互換 TA制度	国際プレゼル：前文 地域問題 競争原理	リーダーシップ ボトムアップ運営	教員公募 任期制	専門職員	科研費 公開講座 研究生収入	安定運用 第三者評価
複合大学	地元地域で活躍　キャリア教育	研究推進戦略		協議会評議会合同審議外部資金任期制 学生納付金適正金額					評価室設置

第2部 国立大学の法人化と授業料

	基本目標	教育	研究	その他の目的業務運営	人事	事務	財務内容	資産運用	その他
新制大(医あり)弘前大学	すぐれる人材の育成 秋田岩手連携	JABEE認定 高等教育研究開発室 学生総合相談室		UCTS(UMAP単位互換)	業績教職員給与				ニーズ長期計画
徳島大学	自主と自立	就職支援プログラム 教育成果効果検証 創成学習開発センター		学長裁量重点経費配分 学外資金間接経費徴収 学長リーダーシップ 教授会開催時間短縮	サバティカル	学長秘書部門 企画立案機能の強化 事務職員海外研修	管理会計システム 中期計画中1%削減	大型機器共同利用	
新制大(統合)山梨大学	地域の中核 世界の人材	コミュニケーション能力 高校との連携 環境科目 少人数教養ゼミ GPA制度 第三者教育評価 学生評価 COE	TLO 知的財産の創出	研究者人事交流 学内資源配分 経営コンサルタント 顧問弁護士 地域社会とパートナー	年俸制 任期制・公募制 事務職員公募		資金獲得評価 ISO14001	共同利用化 PFI事業 バリアフリー	
新制大(横浜)国立大学	実践性 先進性 開放性 国際性	学内英語統一テスト 学部横断型教育コース 教員就職率60% 司法試験合格率70%大学特許出願30件取得15件 サバティカル 専門教育科目 《さび形式履修》 全学教員制度 ベストティーチャー賞 成績優秀学生顕彰制	COE 共同受託研究20%増 知的財産部門設置 特許収入40%発明者に サバティカル制 生涯学習機会の提供 横浜市立大学と連携	学長のリーダーシップ 教員事務組織連携強化の経営会議 特別研究資金確保 オーバーヘッドの確保	インセンティブ給与		提案公募型研究資金リスク管理 余裕金還境整備に		
静岡大学	国際水準の教育研究 知の拠点	実用英語科目 教育実検証システム 高校教育の補習授業 授業料減免、助成制度 新任教員研修	部局横断的研究者集団 特許取得数倍増25件～ サバティカル プロジェクト研究資金 同窓会連携	学長指名戦略会議 監査会 法科大学院設置05年～ ナビジョンセンター	任期制・公募制教員 事務職員独自採用 事務職員派遣研修	外部資金用研究ネ教員データベース ジメント イノベーションセンター活用 自己収入増 公開講座収入増加		部局活動教員評価 システム06年～	
単科大学 旧官立 東京医科歯科大学 四大学連合	世界水準の医歯学系総合大学院重点大学	自己問題発見解決型授業 成績客観的評価連携達成 COE 全国共同利用施設 到達度評価方法	国際的な研究拠点	全学的視点の経営戦略	業績評価処遇に反映 人件費管理 教員公募制採用 事務職員専門性向上		病院収入2%増 管理費1%削減	資産の調査評価 評価結果の フィードバック 共有スペース	
旧専門(文)	実学重視 少人数主義	北海道経済社会貢献人材インセンティブ研究資金配分多く 自治職員養成校 起業支援		職員研修国大協連携 共同業務処理完成 委員会に事務職員配置 研修プログラム確立 国際公募	有料講習会 有料施設拡大			資産の見直し PFI	

第6章　日本とスウェーデンの国立大学改革　101

	基本目標	教育	研究	その他の目標 業務運営	内部統制体制	人事	事務	財務内容	資産運用	その他
小樽商科大学	単科大学の特性	高大連携 夜間コースの総合化（学科区別しない） GPA制度 TOEFL経済学検定試験 MBA専門職大学院 授業改善アンケート	研究自己点検評価体制	内部統制制度		客員教授任用制検討 透明性のある人事 託児所設置検討		学生有料講座		第三者評価結果提供
室蘭工業大学 旧専門（工）		工学リテラシー 大学院前期進学奨励 特別選抜 JABEE 補習 導入教育 新任教員のFD サテライトキャンパス 進路ガイダンス	研究の顕在化 紀要の電子化 PDF制度の活用 公開講座 リエゾン機能	学長補佐体制 学内連携サイクル 国立大学間連携・協力		教職員勤務評定	資金獲得インセンティブ オーバーヘッド制			
名古屋工業大学	工科大学構想 工大世界拠点	ものづくり能力 教育企画室 アドミッションセンター 高校予備校連絡 導入科目事故設計科目 プレゼンテーション科目 GPA制度 技術職員 TA 創造教育開発センター 学内奨学金制度 留学生後援会	シーズ研究ニーズ研究 COE テクノイノベーションセンター 特任教授任期付研究員 時限任職員再配置 研究活性化経費制度 地域貢献事業 単位互換事業 国際交流センター	リーダーシップ ボトムアップ 運営会議		全教員の個人評価 事務職員勤務評定 サバティカル制度 人事企画院		産学官連携本部	スペースチャージ	
東京海洋大学 旧専門（農）	環境保全	情報リテラシー 日本語能力 TOEIC TOEFL ティームティーチング 資格免許の充実	学内公募資金 社会貢献委員会	将来計画委員会		地区統一採用試験		管理経費毎年1%縮減		
東京学芸大学 旧専門（教）	教員養成の基幹大学	GPA、卒業生調査 教員就職率60%増 情報リテラシー インテグレート能力 マネージメント能力 教育実習多様化	研究活動評価 研究成果5%増 科研申請件数50%増 都教育委員会連携 教職員の語学能力増	学長リーダーシップ 政策決定確保		総合業績評価 勤務実績評価 任期制	外部委託 SD	毎年1%経費節減	土地建物貸出 共同利用スペース	

基本目標	教育	研究	その他の目標業務運営	人事	事務	財務内容	資産運用	その他
福岡教育大 地域教育力向上 生涯学習機会 九州拠点大学	教育活動評価 GFA 卒業生調査 就職率向上 FC	国際シンポ 研究組織体制整備 NGONPO連携	学長リーダーシップ	教員採用4基準				キャンパスアメニティ
新設大(医) 滋賀医科大学 地域の特徴考慮	医師国家試験95%合格 看護師国家試験98%合格 保健師国家試験95%合格 全国共用試験 日本語表現法医学英語 客観的臨床能力試験	5研究プロジェクト 地域医療連携室	学長リーダーシップ 学外有識者役割別公募 3副病院長	任期制 教育研究役割別公募				知的財産一元管理
新設大(工) 豊橋技術科学 大学 実践的創造的 指導的技術者 高専卒業者 らせん型教育	JABEE TOEIC奨励 教育履歴クラス編成 目標評価室	COE 工学教育国際協力センシング大学運営機構 ICCEED 研究戦略室研究推進機構 サテライト・オフィス	アドバイザー会議	サバティカル制度	アウトソーシング	特許使用料増加		内部牽制体制 目標評価室設置
大学院大学 北陸先端科学 技術大学 世界的最高水準	インターネット入試博士後COE 年回入学 早期入学短期修了 2学期間365日キャンパス		学長補佐事務局組織 学長裁量経費	任期制公募制維持 インセンティブ給与制				北陸地区連合

第6章 附論1　フィンランドの高等教育

1. 福祉国家の維持

　フィンランドは、日本よりもやや小さい国土面積にわずか530万人が住む、ヨーロッパでも小国に属する。日本にはムーミンとノキアぐらいしか知られていなかったが、2003年のOECDの国際学力調査（PISA）で、15歳生徒の読解力と理科で1位、数学で2位、問題解決能力で2位、総合学力で1位となり、教育大国として急に注目され始めた。

　フィンランドは、国民すべてが公正、寛容、国際性、男女平等の価値観を尊重する福祉国家の維持発展を目指している。福祉国家の基が教育、文化、知識であることが広く認識され、教育に精力的な投資を行っている。GDPに対する高等教育の公財的支出は、1.8％と日本の0.5％を大きく上まわっている。高等教育の機会均等も社会的に重視され、その進学率は、65％とかなり高率である。

　大学の使命は、大学法によって規定されている。それに拠れば、大学は科学研究に従事し、それに基づいて学部及び大学院教育を行う。大学は自由な研究と科学的および芸術的教育を促進し、国家と人類のために貢献できる学生を教育する。この使命を達成するため、大学は広く社会と交流し、社会に対して研究成果と芸術活動の効果を広めなければならないとされる。また大学は法によって授業料を徴収することを禁じられている。これは留学生にも適用されている。

2. 大学制度

　フィンランドの大学は長い歴史を誇り、最初の大学はスウェーデン統治下の1640年代に設立されたターク大学である。しかし他の大学が設立されるのは20世紀に入ってからで、1905年にヘルシンキ工科大学が設立された。1990年代から高等教育は、29校のポリテクニクと20校の大学で構成されている。大学はすべて国立であるが、いくつかのポリテクニクは私立である。ポリテクニクは、職業教育を中心とし、特に地域社会の発展に貢献することが期待されている。それらに加えて生涯教育機関やオープン・ユニバーシティの分野が発達している。

　大学は自治および研究の自由を享受し、大学独自の意思決定を行う。フィンランドでは大学の自治が強い一方、同時に大学に対する国家の統制も行われるという微妙なバランスの上に成り立っている。学長 (Rector) は、大学経営のすべてにわたって責任を持つ。評議会 (Senate) は学部、学科、その他の部門など、大学の組織構造を決定する組織である。フィンランドの大学の管理組織の特徴は、それが教員、職員、学生の3者の代表から構成されることである。

　男女平等を国家目標にしてはいるが、大学教員のうち女性の占める比率は、教授職で22.2％、准教授で38.4％と日本の水準からは高いといえるが決して平等ではない。ただしより地位の低い講師職や助手職では、半数が女性である。2005年から業績による給与制が教員に導入されている。個々の大学教員は、職務と業績に基づいて管理者と個別に交渉して賃金が決定される。この給与制度は、政府の業績による管理の意向を反映したものであり、業績についての指針は政府によって用意される。2000年代に教員は年1,600時間の労働が課せられた。1990年代から教員は大学から任命され、研究業績、教授能力、博士号の取得が義務付けられた。フィンランドの大学の教員は、このところ給与のすえ置き、授業負担の増加、研究業績の管理など苦しい立場に立たされている。

3. ファンディング

　大学へのファンディングの中核は、議会の承認を得た国の予算である。日本の法人化前の国立大学と同じように大学は、国の行政機関の一部であるので、大学の財務会計は国が管理する。経常費の財源は、国からの予算とその他収入に分けられる。国の予算は、教育研究基盤経費、プロジェクト経費、業績に基づいた資金配分に分けられる。その他の収入は、産学連携による収入、事業収入、寄付、等である。2005年に国からの交付金は、支出の64.5％を占めるにいたった。

　主に研究に使われる外部資金は、日本の学術振興会にあたるフィンランド・アカデミーから18％、技術開発センター12％、産学連携資金16％、企業（外国を含む）39％、EU12％、海外資金3％という割合になっている。また教育省は各大学に業績による資金配分を行う。大学の業績は学位授与数である。加えて大学の質、社会的地域的特性が加味される。この業績による資金配分は、近年増加する傾向にある。教育研究文化関連の国家予算のうち、大学教育と研究へは21.9％を占める。教育ローンや給付奨学金など学生への財政支援は12％である。

　1995年から2005年までに大学への国家予算は、65.2％増加した。この間の施設整備費は44.1％の増加、しかし教員給与が大部分を占める人件費は3.8％しか伸びていない。この間学部学生数は18.7％、修士学生数は31.6％、博士学生数は85.9％の伸びを示している。教員1人当りの学部学生数は、17.4人であり、同修士学生数は1.6人、博士学生数は0.6人と教員のほうが多い。博士課程の学生が増加している理由は、学生が増えると業績による資金配分上有利となることであると推測できる。しかし教員ポストは増加していないので、博士課程の学生の就職について、日本と同様な問題がフィンランドでも起こっている。

4. 政府との関係

　フィンランドでは、4年ごとに政府が大学の作成した発展計画を承認する。教育省は毎年業績評価を行い、大学を監督する。その業績評価に基づいて、次期3年間の計画が作成される。計画には、大学の機能的量的目標、目標達成への必要予算、目標の達成度評価、経営の効率化が含まれる。教育省は毎年各大学の経営に関する声明を発表する。

　大学の質保証に関して、それぞれの高等教育機関は業務について、自己点検を行い、質の評価に責任を持つ。それをさらに1995年に設立され、政府から独立した専門団体であるフィンランド高等教育評価カウンシルが評価し、全国的な質の保証を行うシステムとなっている。教育省はKOTAと呼ばれる電子コミュニケーションシステムとデータベースの組み合わせを用いて、大学と密接なコミュニケーションをとりながら、大学の業績を監視し、評価を行う。大学は毎年、教育省のKOTAを用いて、目標の達成度、その他の報告を教育省に行い、教育省と情報交換を行う。大学のインプットやアウトプットなどの評価項目は、教育省が用意する。

5. 課　題

　公的な支援が減少する中で、教育省による高等教育部門の構造改革と生産性向上が図られている。また大学の財政的独立性を向上させるため、大学の法人化も検討されている。2005年には大学法が改正され、大学が会社を所有し、利潤を得てもよいことになった。フィンランドでは日本と同様18歳人口の減少、社会の高齢化も深刻である。EU内での経済文化交流が活発になり、学生の移動も多くなると、学習単位の共通化や質の評価も問題となる。そこでフィンランドの大学は益々透明性が求められ、競争に晒されるようになる。

　2006年の国際経済フォーラムの世界の競争力ランキングで、フィンランド2位、スウェーデン3位、デンマーク4位と大きな政府を持つ国が上位に

ランクされている。これらの国の大学は国立大学中心で法人化もされていない。北欧諸国の経験と実績は小さな政府、民営化、法人化ばかりが効率を上げる手段ではないことを示しているといえる。

第6章 附論2　デンマークの高等教育の資金配分

　2008年6月にデンマーク教育省およびデンマーク第2の規模を誇るオーフス大学を訪問調査する機会に恵まれた。ここではあまり紹介されることがない同国の高等教育財政と大学の管理について報告したい。

　デンマークは人口550万人の小国である。八つの大学にフルタイム換算で7万人の学生および5千人のPh.D.学生が学んでいる。さらに10万人以上の学生がカレッジに在籍している。ここ数年、大学やカレッジは統合を繰り返し、現在の数になった。統合の理由は、財務経営の効率化というより、教育研究の国際競争力の強化である。よって統合は、教職員一人の解雇者も出さないという前提で行われているという。

　授業料は、他のスカンジナビア諸国と同様、自国学生およびEU出身学生は無料である。それ以外の外国人学生に対しては、授業料を2006年から徴収している。自国学生に対して、さらに生活費補助として国の学生ローンも用意されている。

1. 高等教育制度

　デンマークの高等教育課程は四つに分けられる。その一つである短期課程は、中等教育終了後、1年半から2年半までの課程で、ビジネス、技術者教育、教員養成、社会福祉などの職業教育が行われる。この課程は主にカレッジセクターで提供される。中期課程は日本の学部教育に当たり、3〜4年の教育で学士号が授与される。学士号授与は1980年代終わりに始まった。この課程は、カレッジセクターと大学セクターの双方で行われる。長期課程は学士

課程の上にさらに2年の教育であり、修士号に当たるキャンディダスが授与される。そしてさらにPh.D.課程もある。長期課程とPh.D.課程は大学セクターで提供される。

 高等教育進学率は約50％で、短期課程に1割、中期課程に4割、長期課程に5割、Ph.D.課程に数％の学生が学んでいる。高等教育進学希望者のうち、約3分の2が入学を許可される。入学者選抜は共通入試センターが行っていたが、現在はそれぞれの機関が独自の方法と判断で行っている。高等教育機関の入学定員は、教育省の管理するところである。

 デンマークでは各課程の退学率が、教育の効率上長い間、問題となっていた。2000年時に中期（学士）課程で40％以上、その他の課程でも30％以上の学生が退学する。そこで学士号が、修士課程退学者に何らかの資格を付与しようと便宜上の理由で設置された。当初大学は、学位としてあいまいな学士号授与に積極的ではなかったという。しかし分野によっては、学士号を持った卒業生の就職が好調で、学士号を付与する中期課程の存在が大きくなっている。また大学の意向に反して、そこでの学生数の伸びが最も高い。

 デンマークは、高等教育の質保証に早くから取り組んだ国の一つである。質保証に関する国立センターを1992年に設立し、高等教育システムの監視、最低基準の保証、教育課程の改善勧告を行ってきた。1999年からはデンマーク評価機構が、評価とともに、評価情報の管理、国内外の評価情報収集を行っている。教育についての評価は、教育改善が目的で、イギリスのように評価結果と資源配分の直接の関連はない。研究に関する評価は、今のところ行われていない。しかしいくつかの研究カウンシルが、競争的な研究費配分を通じて、申請時に間接的に行っている。

2. 資金配分：タクシーメーター制

 高等教育機関はほとんどが国立機関とみなされ、政府から交付金を受ける。私立機関もあるが、経営の自由が保障されているだけで、財政的には政府に依存している。公的資金は、研究費、基盤経費、教育費の三つに分けられる。

デンマークの教育資金配分で特徴的なのは、1990年から始まったタクシーメーター制である。これは効率化を目的とした一種の業績による資金配分方式である。この方法は、中等教育や病院への補助金にも適用されている。

大学は学生の実際の活動結果によって、大学が受け取る資金の30～50％を配分される。具体的な業績指標は、試験に合格した学生数である。試験を受けない学生や合格しない学生には、公的資金配分がされない。よってタクシーメーター制は、成果主義の資金配分であると捉えられている。

これによって大学はより教育に力を入れ、学生が学習する動機付けを与えられ易い課程を組織し、効率的な教育を促進すると考えられている。また大学に、試験に合格する確率の高い、優秀な学生を入学させる努力を促すともいわれる。しかし同時に配分額を大きくするために、試験の合格水準を低くする大学が出てくるという危惧が指摘された。しかし評価機構は、タクシーメーター制によって、教育の質が低下したという事実がないと結論付けている。

学生の試験の結果を基礎として、専攻分野の調整を受けて、配分額が決定される。配分は渡しきりのブロック・グラントであり、大学は使途を自由に決定できる。政府の考えでは、自由裁量のほうが、大学はより労働市場のニーズにあった教育改善を行うという。教育省の評価では、資金配分に関して、これ以上の成果を期待できる配分方法はないとしている。しかし同時に専攻分野の調整をめぐって、調整の方法の根拠と額について、関係者からタクシーメーター制への疑問が出されている。

3. 管理経営

政府は大学の効率性を向上させようと意図して、一連の高等教育改革を実施してきた。1993年に施行された大学法によって、国から大学へ権限の大幅な委譲が行われ、大学の管理は大学に任されることになった。具体的には、学長の役割が強化され、権限と責任が大きくなった。また教育と研究に経営の手法が導入された。さらに評議会などの管理組織に外部識者が加わり、管

理組織数とその成員数の削減がなされた。

　さらに2003年施行された大学法によって、ワールドクラスの大学を目指して、改革がさらに進行した。それまでは学長は教授の選挙で選ばれ、最高の議決機関は、学長、教職員、学生という学内者で構成される評議会であった。しかし大学の最高決定機関として、理事会が設置された。理事会には外部識者が中心となり、教職員学生代表も加わる。理事会は学長を任命し、そして学長は学部長を任命する。学生の管理経営への参加は、大学法以前からもなされていた。改革の過程で学生の権利が拡大し、管理経営への参加が変わらない点は、諸外国の方向とはやや異なるといえる。

　理事会の最大の課題は、予算案と大学の諸活動の戦略的目標や年次計画の作成である。学長はそれに沿って大学の管理経営を遂行しなければならない。人学は経営の自立性が拡大し、政府との関係は一種の契約の考えが導入されている。大学は政府に対して3～4年の戦略的目標を達成する契約を交わす。目標の内容は、教育、研究、社会貢献などである。大学は毎年、業績について政府に報告する。これは単なる資源の消費状況報告ではなく、目標と結果の管理を強調したものである。契約の結果によって、次期予算配分が影響されることはないなど、いまのところ政府の目標管理は緩やかなものである。

　2001年にデンマーク工科大学が、キャンパスの不動産を所有し、理事会が管理する独立した大学として認められた。ただし教育省の管理下にあるというから日本の私立大学とは若干異なる。他の大学も一層の経営の自立性が付与され、行政機関の一部ではなく、特別な行政法人として位置づけられる予定である。

第6章 附論3　ポルトガルの高等教育改革

　2007年3月末ポルトガルの首都リスボンで、ヨーロッパ大学協会（EUA）の総会が開催された。筆者はこの総会に出席すると同時に、リスボン大学及びリスボン新大学を訪問した。それぞれの学長のアントニオ・ノボア氏、アントニオ・ロサイロ氏、及びリスボン大学事務局長のマリア・セデイラ氏、さらにポルトガルの大学財政研究第一人者、ポルト大学のアマラル氏にインタビューし、ポルトガルの大学財政を調査する機会を得た。また国立大学財務・経営センターの元外国人客員教授カブリート氏からも話を伺うことができた。ここでは日本に紹介されることが少ないポルトガルの高等教育改革についてまとめてみる。

1. 高等教育人口の拡大

　ポルトガルは、人口一千万のヨーロッパで中規模国に属する国である。ポルトガルの大学の歴史は古く、はるか13世紀にまでさかのぼる。しかし近代大学としての歴史は、他のヨーロッパ諸国に比べ浅く、リスボン大学の設立は、1911年である。さらに本格的な発展がおこるのは、1974年軍事政権が主導した無血革命以後である。

　国民の平等を強調したその革命以後、高等教育人口は、1980年代から急速に拡大し、現在40万人弱の学生が大学及びポリテクニクで学んでいる。他のヨーロッパ諸国と同様に、大学とポリテクニクは、前者が研究と大学院を強調するのに対して、後者が、教育と職業志向教育、及び教育年限が3年と短い点において異なっている。

政府は拡大する高等教育需要に対処するため、1986年それまで不在であった私立機関の設立を許可した。私立の大学とポリテクニクは、主として設備投資が安価な人文社会科学中心で、教員は国立大学の教員経験者がほとんどであった。現在国立大学は14校、国立のポリテクニクは35校、私立大学は11校、私立のポリテクニクは98校ある。ポルトガルの私立高等教育機関の設立過程は、日本の明治期のそれと類似している。すなわちまず国立ありきであり、私立は国立が需要を満たすことができないとなると設立される。結局私立は国立の補完機能を果たしている。日本の私学の歴史は古く、個性あふれる私学が多数存在する。しかしポルトガルでは、私立機関として独自色を出すのは、これからといったところである。

これら四つのタイプの機関には、ヒエラルキーがあり、学生の志向順位も異なっている。最も人気があるのは、国立大学であり、次が私立大学と国立ポリテクニクで、学力・家計所得と職業志向の強さで選択が分かれる。そして最後に位置するのが、私立ポリテクニクである。

ポルトガルでは、大学の自治は長い歴史の中で、勝ちとったものであるが、1988年議会によって正式に認められている。とはいえ、政府は、各大学の学生定員を定め、フォーミュラによって各大学の予算を決定している。この点は、日本の国立大学法人制度と同じである。

大学は、以下のとおりの組織で構成される。理事会：教員によって選ばれる最高決定機関である。学長は理事会が選ぶ。学長：学長が選ぶ副学長（3名）と学長補佐（6名）とともに大学の経営管理を行う。評議会：教育研究及び財務経営の実際を行う。経営協議会：学長、副学長、事務局長で構成され、予算管理、人事管理を中心に行う。事務局長：学長によって任命され、経営管理の統括を行う。

最高決定機関の理事会の選考が、教員によってなされる点に象徴されるように、ポルトガルの大学のガバナンスは、同僚支配といえるものである。ただし国際競争、経営効率、迅速な意志決定が強調される時代に、この形が将来いつまで続くかは疑問であるとインタビューに答えてくれた方々は指摘していた。

2. 高等教育のファンディング

　国立大学には、国の予算が措置されているが、その割合は、1993年の92％から2001年の82％へと減少している。減少分は授業料の上昇分でまかなっている形である。国立の高等教育機関の授業料は、戦後長い間ほとんど無料に等しい額であった。しかし高等教育人口の増加に政府財政が耐え切れず、1990年代終りから徐々に値上りしており、2005/06年には、495ユーロから912ユーロになっている。私立大学に対しては、国の予算が配分されておらず、経営は専ら授業料収入で行われている。

　政府から国立大学への予算配分は、主要部分についてはフォーミュラによって決定される。これは総収入の60％を占める。教育関連予算については、基本的には学生数によって大学に配分されるが、研究関連予算分は教員の質と研究業績が、フォーミュラの中に勘案されている。最終的な予算額は、各大学と教育省との折衝によって決定される。さらに契約に基づく研究費、科学技術財団の用意する競争的研究費がある。

　大学は法人格を有し、各大学は外部資金を獲得する自由があり、平均で総収入の4分の1になる。収入の使途は、大学の自由裁量となっている。授業料は、1992年まで年6ユーロと全大学一律低額であったが、現在では、各大学、正確に述べれば、各学部が授業料を設定している。ポリテクニクは大学より低額である。授業料収入は、総収入の10％弱を占める。

　現行の予算配分システムは、学生数に基づく基盤部分に、業績に基づく部分が上乗せされているシステムと考えてよい。この方式が採用される以前は、各機関は一律的に予算が配分されていた。インタビューでは、現行方式の下さまざまな弊害が指摘された。アマラル氏は、競争が過度に強調されることや、大きな財政カットに直面すると、非営利機関は営利組織のような行動をとり、公共財としての使命を忘れてしまうという説を引用しながら、現行のファンディングの問題点を次のように指摘している。

　すなわち各大学は、学生募集に効果のある質の高い教員を確保する一方、経営のため授業料を値上げしてしまう。また非常勤で授業が多くても、耐え

られる教員を採用する傾向にある。各大学は学生数確保のため、学生へのサービスを向上させる一方、入学許可を容易にする傾向がある。また大学の不正も行われる。例えば、すでに卒業した者を学生としてカウントし、それによって予算配分を増額させる。

さらに現行の予算配分システムでは、政府予算に依存しすぎるので、大学の自治が生かされておらず、経営の自律性を上げるため、数年間分の予算を一括して配分することや、経営の効率化に対する報酬システムの確立が必要という指摘もあった。

競争的研究資金配分は、市場を意識しすぎ、知識生産の画一化を招き、マイナスが大きい。またより研究業績が出やすい領域が優遇され、資金獲得が困難な分野が無視される危惧もある。そして研究のイノベーションが妨げられる。この点は、近年の日本の競争的研究費配分に対する議論と類似性がある。

3. ボローニア・プロセス

ヨーロッパでは、今ボローニア・プロセスというヨーロッパ全体の高等教育を見直す動きが、各国の高等教育に大きな影響を与えている。それは、2010年を目標にEU圏の大学教員と学生の移動を自由化し、卒業生の就職可能性をより大きくしようとする計画である。そのためまず各国の高等教育の単位制度、また3年の学士、2年の修士、3年の博士の学位制度、質の評価システムを統一する試みが始められている。このシステムによって、魅力ある大学にはより多くの学生が、集まり、そうでない大学は、学生募集に苦労することになる。これまで国際競争力のない大学、英語で授業を提供できない大学、就職に有利でない大学など、は困難が予想される。この移動の自由と競争原理を導入した高等教育システムは、単に大学間の競争だけでなく、その大学をとりまく企業、地域社会の競争など与える影響は広範囲に及ぶことが予想される。ポルトガルの大学もボローニア・プロセスに向けて、さらなる改革がなされるだろう。

第7章 国立大学法人化後の授業料

1. 授業料の構造

　筆者は過去数年、私立大学の授業料を複数のデータを基に分析してきた。その過程で、私立大学がどのように自大学や学部の授業料水準を設定しているかをクリアに説明できる要因が明確でないことが判明した。私立大学は、学生の教育、教員の研究にどのくらいの経費がかかり、大学の経営管理にいくらかかるかを計算して、授業料を設定するのではなく、国立大学を含めて他大学の授業料水準を見ながら、自らの水準を決定すると考えてもそれほど間違いではないだろう。授業料水準を大雑把に設定してきた理由は、大学教育市場がこれまで長い間売り手市場であり、授業料水準によって需要が大きくは左右されないことが考えられる。しかし18歳人口の漸次的減少によって、大学教育市場は、買い手市場にシフトし、授業料水準が需要動向に大きな意味を持つようになってきた。さらに透明性、説明責任の強調から、私立大学は財務諸表の公開が義務付けられる。よって私立大学は今後自大学、学部の授業料をステイクホルダーに、十分納得のいく水準に設定しなければならないことが考えられる。

　さて国立大学の授業料も、どのような理由から設定・徴収されているかの理論的根拠も乏しい。学校教育法第5条には「学校の設置者は、その設置する学校を管理し、法令に特別の定のある場合を除いては、その学校の経費を負担する」とあるから、国、地方公共団体、学校法人は、それぞれ国立大学、公立大学、私立大学の経費を負担する義務を負っている。もちろんこの「経費負担」は、経費財源の確保、経費負担の管理、業務の責任であり、設置者が経費の支払いを行うことではないと解釈される。よって設置者は現実には

学生や利用者から授業料その他を徴収し、それによって経費の支払いをしていると解釈される。日本の国立大学は、国家の施設で政府組織の一部である。大学は政府が国家の必要に応じて行う事業である。金子は、それを国家施設型大学と呼んでいる（金子，2003年）。国立大学は国の政策的な目的を達成するため存在し、政府は大学の施設的な側面を維持するための費用を負担、支弁する。国家施設型大学では、設置者である国が経費を負担する設置者負担主義をとることが自然である。この設置者負担主義は、国立大学の授業料が比較的安価であった1970年代前半まではある程度達成されていた。国家施設型大学と設置負担主義の授業料水準とは整合していたと思われる。

しかし1971年出された中教審答申（四六答申）は、国立大学授業料の受益者負担主義を打ち出した。そしてその後毎年のように繰り返された国立大学授業料の値上げは、国家施設型大学とそれ以前の授業料水準の整合性を崩してしまった。授業料値上げは、専ら私立大学との格差是正をその理由としていた。そして値上げに当たって受益者負担主義が強調されるが、受益者とは学生のみを想定しており、私的負担と同義で用いられた。授業料設定には、国立大学が国家的目標を達成するためのもの、受益が社会にも及ぶという発想はなく、ここには論理的矛盾が生じている。現在のところ私立大学の授業料は、国立大学のそれを元に設定されているとも考えられ、両者はお互いに設定基準となっている。国立大学法人化がスタートする時期に改めて授業料のあり方について議論しておく必要があると考える。

2. 国立大学の授業料の変化

明治維新以降日本の大学教育費は、帝国大学の成立期（明治19(1886)年）あたりまで、教育制度の未整備もあって、政府が負担するというより、「学制」に見られるように学生の自己負担が原則であった。しかし現実には大学教育の顧客層である士族層が窮乏状態にあり、授業料は年額12円と設定されていたにもかかわらず、免除または官費を受ける学生がほとんどであった。その後大学令（大正7(1918)年）成立前後までは、森文相の授業料増額論がある

ものの、近代化のための人材養成目的による授業料は、低い水準に抑えられた。大学入学時の経済的障壁を小さくし、官立大学に志願者をプールしておくのが低授業料策の主たる目的であり、それは金子によれば、高等教育機会の均等という理念とは似て非なるものであった（金子，1994年）。授業料低廉化政策は、機会均等策に結びつきやすいが、これは人材養成とそれを政府部門に集中させる育英主義であったといえる。すなわち帝国大学令「第1条　国家の須要に応する」人材養成が、この時期の授業料政策の主たる目的であった。

　戦前期を通じて国立私立大学の授業料格差は、戦後に比べれば小さかったといえる。これは私立大学設置が厳しく規制され、戦後のように授業料に依存する経営を試みる大学が排除されたこと、また私立大学の中には本科の周りに別科予科を設け、そこで大量の学生を入学させ授業料収入を増やし、そこでの利益を、本科の経営にまわす内部補助による私学経営の自助努力もあったことが理由である。

　戦後日本社会の基本的理念の一つは、教育機会の均等があげられる。これは、初等中等教育はもちろん高等教育にも当てはまる。そしてこれは国立大学の授業料の低廉化策に、大きな思想的根拠を与えたことは確かであろう。しかし金子は戦後においても、戦前の育英主義に近い考え方があったことを指摘している。すなわち戦後、国立大学は高度経済成長のための理工系マンパワー養成課題の達成を求められ、低授業料政策が採られることになる。これも特定の人材養成という点で戦前の育英主義に近く、直接機会均等化を目指した策とはいえない（金子，1994年）。しかし育英主義という目的でとられた低授業料政策が、結果として国立大学の機会均等機能を部分的ながら果たしてきたことは確かであろう。現在でも特に地方国立大学は、その機能を果たしている。

　その後1970年代初めから私大授業料との格差が問題となり、それを是正する観点から国立大学授業料値上げが徐々に始まる。これは育英、機会均等とは異なる国私格差是正、すなわち公正の観点からの授業料値上げ策と見てよい。これに対して国立大学協会は、授業料の値上げに危機感を抱き、その

第六常置委員会は1985年11月に「国立大学の授業料について」の報告書をまとめた。それによると国立大学の授業料は、受益者である国が全額負担すべきものとの立場をとっている。国が受益者であることを明言した報告書は、明らかに国や国民に対して説得力に欠け、その後国立大学協会内でも修正されていく。

　その後さらに政府財政の危機の表面化によって、大蔵省の圧力が働き、授業料と入学金の毎年交互値上げの状況が続く。この間大蔵省の諮問機関である財政制度審議会平成4年と6年の報告（1992・4年）は、「授業料の学部別格差の導入」の検討勧告している。これに先立って臨時行政調査会は1982年以来、また政府の財政諮問審議会である臨時行政改革推進審議会は1984年から財政均衡目的での授業料値上げを求めている。これに対して国立大学協会第六常置委員会（財政分野：広重力北大総長）は、授業料低廉化政策支持と学部別授業料反対を打ち出している。これは高等教育の機会均等と人材養成の観点からとの理由付けがなされているが、機会均等および人材育成目的については、機関補助による国立大学授業料一律低廉化策以外にも方法はあり、機関補助でなければならないという理由はない（金子，1994年）。こうして全国立大学一律授業料低廉化策は、次第に支持されるのが困難になってきている。

3. 運営費交付金と授業料

　法人化についての国会審議で、2003年7月当時の文部科学大臣および副大臣は、法人化後も国立大学の使命はこれまでどおり変わることがなく、国の責任においてそのための財政措置を講ずるとのべた。その具体策が、運営費交付金である。算定の基本的考え方は、平成16年度の運営費交付金を基礎として、17年度以降も中期目標・計画期間を通じ、見通しを持って着実に教育研究を展開し得るよう、必要な運営費交付金を確保することである。そして自主性・自立性の向上という法人化の趣旨に沿い、国立大学の教育研究の特性に配慮するとともに、教育研究の活性化につながる内容とするとされる。

学部教育等標準運営費交付金は、以下のような算定式によって計算される。

標準運営費交付金＝（一般管理費＋学部・大学院教育研究費＋付属学校教育研究費＋教育等施設基盤経費）－（入学料収入＋授業料収入）

ここで入学料収入は、入学定員数×入学料標準額（平成15年度入学免除率で算出される入学料免除相当額を控除した額である）。また授業料収入は、収容定員数×授業料標準額（同じく授業料免除相当額を控除）。

また特定運営費交付金は、以下のように計算される。

特定運営費交付金＝（学部・大学院教育研究費＋付属学校教育研究費＋教育研究診療経費＋付置研究所経費＋付属施設等経費）－その他収入＋特別教育研究経費＋特殊要因経費

ここでその他収入には、検定料収入、入学料収入（入学定員超過分）、授業料収入（収容定員超過分）、雑収入が含まれる。これらは平成16年度予算額を基準とし、中期計画期間中は変更なく同額である。よって平成17年度以降の運営費交付金の算定に影響しない。

4. 交付金算定のインプリケーション

①標準運営費交付金対象収入は、実際に入学した学生数や在学者数ではなく、入学定員数および収容定員数に基づくので、定員割れは算定上不利となる。また今後学生の成績管理が厳しくなり、退学者が増えるとなると、これも不利に作用する。

②定員超過は標準運営費交付金算定には、無関係である。しかし検定料収入、入学定員超過分の入学料収入、収容定員超過分の授業料収入は、特定運営費交付金対象収入にあたる。但しこれらは平成16年度予算額を基準とし、中期計画期間中は同額である。平成17年度以降の運営費交付金の算定には影響しない。

③標準運営費交付金算定に用いられる授業料は、標準額であり各大学が独自に設定する額ではない。各大学は、授業料を標準額の110％まで自由に設定できるが、標準額上乗せ部分は自己収入を増加させることになる。よって

この算定式には、各大学に授業料値上げのインセンティブが与えられていると解釈することができる。しかし各大学は、授業料を設定する場合、上乗せ部分が、優秀な学生の志望変更や入学変更にどの程度影響を与えるかを考えなければならない。各大学が独自授業料を設定できることは、優秀な学生を失う各大学のリスクばかりでない。多くの大学が独自収入を増加させようと、授業料を高めに設定すると、いずれ標準額自体も引き上げられやすくなると考えられる。これによってさらに各大学が授業料を高く設定できることになる、という値上げのビシアスサイクルが生ずる可能性がある。

また運営費交付金が削減されると、大学は自己収入を増加させようと、授業料の値上げ策をとり、自己収入が増加すると、運営費交付金が減額される、というこれまたビシアスサイクルが発生する危険がある。いずれのビシアスサイクルも、個々の大学が自己収入の増加を図ろうとすると、他大学も追従し全体に授業料が値上がりしてしまい、国立大学全体または私立大学にも波及し、日本の高等教育費の高騰を招くというジレンマを意味している。

④奨学寄附金、産学連携等研究収入は運営費交付金算定に入れないので、各大学とも積極的にこれらの収入を増加させるインセンティブが与えられたといってよい。

⑤国立大学全体の運営費交付金の1％（139億円）は、授業料入学検定料3.8％（137億円）に相当する。よって運営費交付金が1％削減されると、授業料520,800円を3.8％値上げし540,590円にし、19,790円の値上げをすれば大学の現行収入は確保されることになる。国立大学に在籍する学生は、60万人を数えるので、1人当り負担額は少ないという印象をあたえ、財政が学生の負担に転嫁されやすいという危険がある。

⑥文系単科大学は、授業料設定が大学経営により重要な意味を持つ。大規模総合大学である東京大学の2002年度歳出は2,144億円であり、授業料・検定料収入は144億円であった。歳出に占める割合は6.7％である。学生総数は27,312名なので、現行授業料水準で27,312×520,800＝142億円、仮に110％の水準で授業料を設定すると27,312×572,880＝156億円となる。東京大学への政府支出は1,146億円であるので、現行授業料と110％授業料と

の差額14億円は、政府支出の1.2％にすぎない。限度いっぱい値上げしても、政府支出のわずかをカバーするにすぎない。しかし小規模文系単科大学である小樽商科大学は2002年度歳出26.4億円、授業料・検定料収入12.7億円、歳出に占める授業料の割合は48.1％になる。政府支出が1％削減されても、授業料1％、5,200円値上げすれば現行の政府支出分を確保することができる。しかし学部別授業料が課せられると、事態は一変し、標準額の設定すら難しくなる場合も考えられる。

5. 授業料水準設定における検討要因

ここでは、授業料水準を決定するに当たって考慮しなければならない要因についてまとめておく。授業料水準は国全体の高等教育政策、または各大学共通の標準額や各大学が決定するが、その範囲は国が示す額にかかわるレベル（以下で①～④）、および個々の大学の選択する額にかかわるレベル（⑤～⑩）とを区別して考える。

① 国立大学間格差をどこまで認めるか

政府の高等教育政策の一環として授業料水準を検討する際、考慮しなければならない要因は次の点が挙げられよう。第一に高等教育の果たしている、または果たすことが期待される役割や機能である。高等教育の役割・機能は複数あり、人材養成、機会均等、研究開発、その他社会貢献などが考えられるが、学生・家計の支払う授業料と直接関係するのは、人材養成と機会均等である。国立大学が法人化されるにあたって国会審議等で確認されたのは、これまで国立大学は、学術研究、人材養成、進学機会の提供において大きな役割を果たしており、これらの役割は法人化後も変わらないことである。第二にかかっている費用であり、またその負担である。政府と家計との高等教育費の負担区分は、このような役割・機能から得られるベネフィットとコストを考慮しながら、決定されなければならない。

ところで国立大学の役割は、すべて同じではない。研究中心大学もあれば、人材養成や機会均等に大きな役割をはたす大学もある。役割・機能が異なれ

ば、かかる費用も異なるので、国立大学間でも授業料格差はあって当然であるという議論も成り立つ。国立大学法人が各自で授業料を設定し、大学間で異なった授業料を徴収することになった背景には、自主的・自律的な経営を行うことと、国立大学間の役割が異なっていることへのコンセンサスがあろう。但しどの程度の格差が認められるかを決めるのは容易ではない。各大学は、国の設定する標準額の110％内で授業料を設定できることになった。この110％の根拠は示されていない。標準額が520,800円とすると、52,000円の上乗せが可能ということである。

② 私学との格差をどこまで認めるか

　国立大学の授業料低廉化策は、1970年代初めまで支持されたが、その後は値上げが続いている。現在国立大学の授業料は、私立大学の授業料平均の半分である。この格差はどこまで認められるものであろうか。国立大学の授業料をできるだけ低く抑える政策は、これまでそれが国家の人材養成、そして直接的目的でないにせよ高等教育機会提供の機能を果たすことで、支持されてきたと考えられる。法人化後の授業料についても、人材養成、機会提供などの国立大学のこれまでの役割を果たすべく、国の事業としての必要な財源措置を行い、できるだけ低い水準に抑えることが国会審議でもなされている。

　しかし授業料を現行水準から引き上げようとする議論も無視できなくなっている。その根拠は、高等教育の量的拡大の進行に伴って、国立大学と私立大学の役割がはっきりと区別できるものではなくなっている点である。確かに国立大学は、理工系、教員養成系中心教育、大学院教育、研究重視という点では、現在も私立大学と異なった機能を果たしている。しかしこの理工系分野にも私立大学は積極的に進出しているし、その分野での研究開発にも少なからず関与している。また教員養成は教員需要の減少に伴い国立大学の養成機能は、必ずしも十分発揮されなくなった。さらに研究面においても大学院教育においても私立大学の貢献はもはや小さいものではない。

　国立大学と私立大学の役割・機能が区別できないなら、私立大学の授業料との格差を是正すべきという議論になる。そしてその一つの方法として国立

大学の授業料の値上げが挙げられる。その方法による格差是正の立場からすると、国立大学と私立大学の教育機能の点で区別できず、教育の外部効果には差がないので、国立大学の学生だけが政府助成を多く配分され、授業料が安価なのは根拠がないというものである。よって国立大学の学生も、私立大学の学生と同じようにコストを負担すべきであるということになる。しかしこの外部効果は、測定不可能であり、可能であっても計算の条件や前提が、どれだけコンセンサスを得るのかは不明である。例えば、国立大学出身と私立大学出身の医師や教師の職業的能力は異なるのか、彼らの社会的貢献度は異なるのか、異なるとしたらどの程度なのかは、ほとんど測定できない。

さらに国立大学授業料値上げ論は、所得再分配の点からも支持されることがある。国立大学学生は、必ずしも低所得層ばかりでなく中高所得者層出身によっても構成されている。よって現行の国立大学授業料一律低廉化政策は、裕福層も恩恵を受け、場合によっては逆進的所得再分配になっている。これを是正するため低廉化策を放棄し、コストに見合った授業料を徴収し、低所得層の進学機会の保障には、別途奨学金を用意することで行うという議論である。

もちろん国立大学授業料値上げに反対する議論もある。その理由としては、教育研究の外部効果の具体例である人材育成に対する効果が薄らぐことが挙げられる。これまで国立大学は低授業料によって、特に優秀な学生を理工系学部に入学させ、彼らは日本の科学技術や製造業の発展、ひいては日本の経済成長に大きく貢献することになった。よって授業料値上げによって、国立大学、特に理工系学部に優秀な学生を入学させられなくなる恐れがあるので、これ以上の値上げは回避すべきであるという意見である。しかし私立大学でも理工系学生の教育を行い、人材育成は私立大学でも可能となっている。またはこの分野の国立大学の人材育成機能を認めるとしても、それが現行の授業料水準の効果なのか、または授業料とは別の国立大学に付与されたステイタスなど他の理由なのかは不明である。

加えて国立大学授業料値上げが行われると、これまで国立大学が担ってきた高等教育機会均等に貢献しなくなるという議論もある。しかし私立大学よ

り学費が安価であるため国立大学に進学したという学生は、どのくらいいるかはこれまた不明である。授業料一律主義は機会均等のためという説があるが、低く設定されていれば効果がある可能性はある。しかし現在のように一年50万円になろうとする水準では、その効果は大きくはないものと思われる。

　国立大学と私立大学の授業料格差是正の別な方法には、私学助成の増額により、私大授業料の低下を期待する方法がある。これは莫大な財政負担を強いることになる。政府財政の逼迫を受けて、これまでは国立大学授業料値上げの方法によって是正されてきた。しかし上記の理由による国立大学授業料値上げ反対論者は、私学助成の増額に傾きがちである。ところが進学者および大学進学該当年齢層の半分を占める非進学者との高等教育サービスの受給を考えると、単純には支持できない。進学者非進学者のサービス受給格差を考えると、これ以上の進学者のみへの優遇策および私立大学への増額を認めるのは困難である。これらを考慮すると、受益者負担原則に近い、国立大学授業料値上げが支持されよう。

　国立大学授業料値上げによる収入から得られた分を、何に使うかも議論の分かれるところである。私大との格差を問題にすると、私大助成の増額に振り向けることが支持されるが、国立大学の機会均等効果を上げようとするならば、育英奨学金の増額という策も考えられる。これについては、30年前から議論されているところである。1972年度予算編成の過程で、国立大学の授業料は1972年度から前年に比べ、3倍値上げが大蔵原案通り決定された。それに対して自民党と文部省は値上げの見返りとして、①育英奨学事業の拡充、②学生の厚生施設の整備、③私学助成の予算の増額を働きかけることとした（山本眞，1994年）。当時の文部大臣も、国立大学の値上げによる増収を私学助成と育英資金に回すという考えをもっていた。

③　学部別授業料を認めるか

　「新しい『国立大学法人』像について」には、各大学共通の標準的な額が定められ、それは理系文系でも一律であると想定される。また法人化後の学生納付金についての参議院文教科学委員会で、河村副大臣（2003年7月当時）は、経済的理由によって専門分野への進学機会が制約される恐れから、学部別授

業料の導入は行わない予定であると述べている。しかし受益者負担原則からすると、学部別授業料の正当化がされるかもしれない。但し受益者を定義することは難しい。高価な教育を受ける学生は、安価な教育を受ける学生より、より高度で良質な教育を受けるという理由、もしくはより満足度の高い教育を受けている可能性によって受益者であり、その学生は高い授業料を負担すべきであるといえるかもしれない。

　受益者負担原則による授業料算出方法の一つの基準は、単位費用である。ただし単位費用の算出も容易ではない。消費支出を学生数で除す方法が一般的であるが、分子分母とも多様な定義が可能である (丸山, 2002年, p.73)。さらに資本的支出を含めるべきであるという議論もある。また国立大学私立大学とも、たとえば教育研究用に使用される建物、土地などにかかる固定資産税など各種の免税措置がなされている。これらは行政サイドの教育研究の機会費用と考えられ、これを含めるべきであるという議論も可能である。つまりどれだけの経費が学生にかかっているか厳密に測定しようとするなら、そして学生1人当りの経費を大学ごとに学部ごとに正確に算出しようとするなら、このような機会費用も考慮に入れておく必要があろう。

　さらに高等教育の受益は、学生の在学中だけ受け取るわけではない。将来も受益が発生する。たとえば大学生の卒業後所得は、高卒者や中卒者の平均より高い。また理系文系によっても、学部間でも異なることが予測される。よってそれらの受益を考慮に入れて、実際の計測が可能であるかどうかは別として、授業料を設定すべきであるという議論も成り立つ。

④ 私立大学授業料コントロール政策は必要か

　国立大学と私立大学との授業料格差を問題にする場合、見逃されがちなのは私立大学の授業料政策である。私立大学が設定する授業料に対する法的規制はない。しかしこれまで政府は私立大学の授業料水準を、政策としてまったく無視してきたわけではなかった。国立大学と私立大学の授業料格差を縮小させるため、まず私立大学の授業料をなんとか抑えようとした。そのために1970年から私学助成を開始し、1975年には私立学校振興助成法を成立させ、助成を本格化させた。助成目的の一つは、家計の経済負担の軽減である

が、それは確かに助成が本格化した当初数年は、効果があったように思われる（丸山, 1999年, p.41）。しかしその後政府は、私立大学学部学科新増設の大都市抑制策を同時にとった。そのため私立大学は、他の私立大学の新規参入が抑えられたため、買い手市場の有利な立場に置かれることになり、授業料を値上げしてしまう。そしてその後私学助成による授業料抑制効果もはっきりしなくなる。

私学助成が本格化した数年を除いて、国立大学と私立大学の授業料格差は、これまでもっぱら国立大学授業料値上げによって処理されてきた。しかし国立大学が値上げすると、私立も値上げに傾きやすくなる。というのは私立大学は、国立大学の授業料を考慮に入れて、自らの授業料を設定するからである。結局授業料格差是正を目的とするなら、国立大学と私立大学の双方の授業料に影響をもつ何らかの政策が必要となる。国立私立大学の授業料をバランスさせないで放置しておけば、結局両者の値上げを永続化させるという危惧は、1970年代の衆議院文教委員会でもすでに議論されている（山本眞, 1994年）。

因みにアメリカでも私立大学の授業料は、各大学が自由に設定できる。私立公立大学とも収入増のためには授業料値上げに傾きやすい。しかし公立大学は州民への機会均等のため、授業料値上げは州政府および議会の承認を得にくい。低授業料が機会均等に貢献できているかは別として、授業料を低く設定している公立大学のほうが、授業料値上げを比較的容易に行う私立大学よりも、教育効率が高いという興味深い指摘もある（Ehrenberg, 2000）。

⑤ 授業料水準は学生の質とトレードオフか

大学入学は主に志願者の学力と、家計の費用負担能力によって決定される。大学は学力の高い学生を自大学に入学させるには、授業料を低く設定するほうが得策と考えるだろう。法人化後の国立大学も学生獲得競争に、授業料水準という変数を考慮しなければならなくなる。その場合どこの国立大学でも、自大学より入学難易度の高い大学が設定する授業料水準以上に、高い授業料を課すことは困難と思われる。

但し授業料と入学難易度との実際の関係は、それほど単純なものではない。

筆者が行った計算に拠れば、日本の私学の経済学部だけのデータを用いた場合、授業料と入学難易度との相関係数は、年度によって異なり、符号も一貫しない。1989年授業料と入試難易度の相関係数は、ケース数81で0.255であった。1999年同じケース数81で、マイナス0.366である（丸山, 2002年, p.76）。つまり1989年には、入試難易度の高い大学ほど、授業料は高価であったが、その10年後には逆になっている。自由に設定できる授業料の範囲が小さければ、授業料自体が入学難易度に及ぼす影響も小さい。よって授業料を高く設定したことで、優秀な学生が他の大学を選択するということはそれほど考えられない。

⑥ ハイコスト・ハイクオリティ教育は可能か

授業料を独自に設定することは、それを通じて個々の大学の研究教育のポリシーを宣言することである。入試難易度とは無関係に、高い質の教育を行うので、高い授業料を徴収する選択をする大学が出てくることも予想される。しかし高い質の教育を支える財政的基盤を各大学がどのように確立するかは、いろいろ困難であると考えられる。

⑦ 単位費用をどこまで反映させるか

国立大学法人の共通の授業料部分を決定するのと同じで、将来各大学で学部別授業料を設定することになった場合、単位費用をどこまで反映させるか、またはさせないかは困難な問題となる。全学部一律授業料は、大学内で単位費用の安価な学部から高価な学部への内部補助が行われることになる。この場合学生の負担の不公平性をどこまで認めるかが問題となる。また消費支出を学生数で除す一般的な単位費用を用いる場合、消費支出の中には教育費用ばかりでなく研究費用も含まれることになる。教育費用と研究費用とをどのように分離するかも考慮しなければならない。

法人化後の国立大学法人は、「国立大学法人会計基準」などに準拠して、財務諸表を作成することになる。その際セグメント情報も含まれることになる。セグメント情報は大学の運営管理組織を一定の基準によってセグメント化した場合、どの分野にどのくらいの資源投入があるか、どの分野がいかなる成果をあげているか、を表す情報である。それは説明責任によって求めら

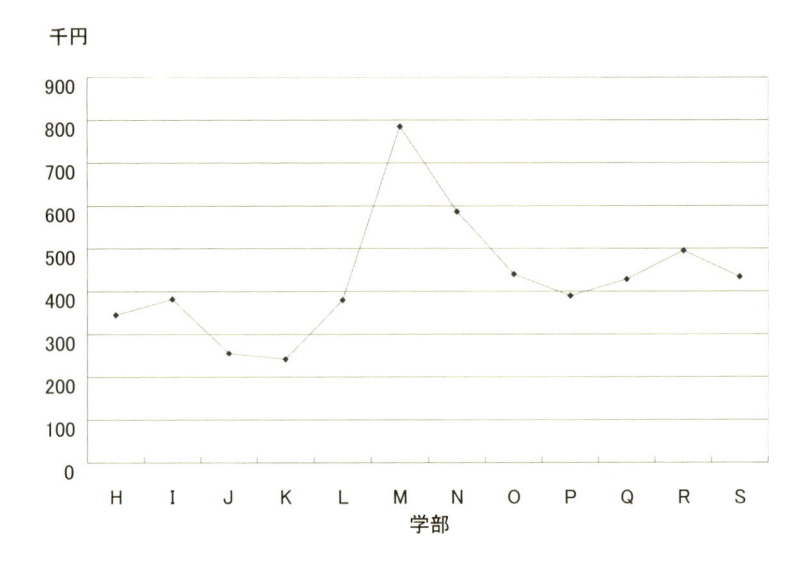

図7-1 国立総合大学授業料学部別試算例

れる財務会計情報である。これが計算されると、授業料と単位費用の関係が各学部ごとに明らかにされ、各国立大学法人は、その実態と理由についてステイクホルダーに明確に説明することが求められよう。

図7-1は、一総合大学を例にとり、単位費用を考慮に入れて、学部授業料試算を行ったものである。ここでの手続きは次のとおりである。まず消費支出の中に占める授業料収入の大学全体の割合を算出する。ここでは、本部の消費支出については除いてある。その数値は、15.1％である。次に各学部の消費支出に0.151を乗じる。これは、各学部の消費支出のうち授業料収入によってカバーされる額を表す。よって各学部は同じ割合で消費支出の一部が授業料によって賄われることになる。そしてその額を各学部学生数（大学院生も含む）で除し、学部別1人当り授業料を算出する。ここには一般教育等の経費が含まれていないので、それを反映させるため、一般教育等の消費支出に同じく0.151を乗じ、それを学生総数で除す。さらにこれを先に求めた学部別授業料に学部別にそれぞれ加算し、一般教育等経費を考慮に入れた学部別授業料を算出する。よってこの各学部授業料に学生数を乗じ、それを学部

全体で合算すれば、現行授業料収入となる。結果は最低額学部は、24万円となり、最高学部は79万円となる。

⑧ 大学独自の奨学金システムは可能か

政府奨学金や外部資金、寄付による奨学金のほかに、将来大学独自の奨学金システムの構築が考えられてもよい。私立大学の第三号基本金に当たるシステムが、各国立大学法人システムで可能かどうかの検討も必要である。また奨学金はメリットベースにするかニードベースにするか、といった受給規準の選択も各大学法人は行う必要がある。現在私立大学で行われている入試成績優秀者、在学中の成績優秀者への学費減免のようなメリット奨学金は、学生募集や在学時の学習の奨励としてある程度の効果が予測でき、問題が少ないように思われる。しかし低所得家計出身の学生に対する奨学金、すなわちニードベース奨学金は、入試時に学生の家計所得の正確な捕捉は可能かという問題が起こりうる。また私立大学では奨学金の原資が、基本金の果実以外の経常費による場合、裕福階層出身学生からそうでない層出身学生への所得移転が生ずることになる。少額であれば問題はないが、それが無視できないほど多額になれば、それはどの程度認められるかも検討しなければならない。

⑨ 機会均等策を個々の大学がとるべきか

これまで高等教育の機会均等化実現のための方策の一つとして、国立大学の授業料低廉化が支持されてきた。日本の有名私立大学の中には、授業料を他の私立大学に比べ、比較的低く設定しているところもある。これは機会均等ではなく、国立大学との学生募集の上での対抗上なされていると考えることもできる。筆者が大学法人の財務担当理事にインタビューしたところによれば、その理由としてその大学は、私立大学の授業料のペースセッターを自負しており、他大学への影響を考えて授業料を低くしているという。しかしそのような授業料水準を維持している有名私立大学が存在すること自体は問題ないが、機会均等や奨学金充実は政府の仕事であって、個々の大学が担うことはないという議論も成立しよう。

⑩ 在籍中の学生との授業料格差をどこまで認めるか

各大学法人が独自に授業料を設定する場合、考慮しなければならない点の一つは、在学中の学生との授業料格差である。ほとんど同じ教育内容やその他教育サービスを、異なった価格で提供することについて、学生や保護者に十分説明することが必要であろう。デフレ経済の中、私立大学の中には授業料を値下げする大学もある。このような状況で授業料値上げは可能であるのかの判断は容易ではない。

国立大学の法人化最終報告では、授業料水準については国が一定の範囲を示し、その中で各大学が設定する。しかし以上の10点を考慮に入れると、現在学生が支払う授業料と大きく異なる授業料設定は、公平性の観点から無理であり、多くの大学でしばらくは現行水準で推移すると予想される。また学部別授業料制も実施を表明している大学はほとんどない。

第7章 附論　東大の授業料をめぐる動き

1. 授業料免除

　東京大学では2008年度から、大学院博士課程の授業料負担を実質的になくする。国内外の優秀な博士課程学生を確保するのがその理由であるという。また伝えられるところによると、学部段階では、年収400万円未満の家庭出身者に対して、一律授業料全学免除の方針を検討中である。

　筆者はかつて、大学経営の効率化、学生募集の強化、大学の教育研究使命の達成、大学の説明責任の遂行に伴って、今後、大学や学部間の授業料水準の分散が大きくなり、学生の特性によって支払い授業料が異なるという、授業料の多様化と個別化が進行する、と指摘したことがあった。今回の東大の決定はこの動きに沿うものであると考えられる。

　ところで学生への経済的支援には、二つの目的がある。育英と奨学である。両者とも国が行うのが望ましいが、育英に関しては大学が独自に行うこともある。博士課程に在籍する学生の授業料負担をなくする決定は、優秀な学生を確保したい東京大学の意向であるが、将来社会全体に有用な人材育成、すなわち育英機能も果たすことになる。

　低所得家庭出身者に対する高等教育機会の提供、すなわち奨学は、本来、国が率先して給付奨学金なり授業料免除で行うべきである。現在日本学生支援機構の学生援助方法は主にローンによるものであり、低所得者がローンを避ける傾向を考えると、奨学の目的達成に限定的効果しか持たない。今回東京大学が年収400万円未満の家庭出身者に対して、一律授業料全学免除をおこなう方針は、国の仕事を代替するという意味で評価できる。

　しかしこの決定は、制度自体に問題があるとともに、学内と学外双方の授

業料をめぐる動きに多少なりとも、影響を及ぼすことに注意が必要である。

第1に、年収400万円未満一律授業料免除は、対象者決定の判断が容易である理由から設定されたのであろうが、負担は家庭の状況によって異なるはずである。この点では母子家庭、兄弟の数、自宅通学か否かを考慮する、現行の免除基準を採用する制度が望ましい。

第2に、年収400万円未満という区切りであるが、これは何処かで線引きしなければならないので致し方ない。しかし400万円を僅かに超える対象外者の不満にどう答えるか。対象外者の救済に、授業料半額免除というゾーンを設定する手もある。またデータがないので正確にはいえないが、400万円未満の対象者がどれだけいるか。現行基準の全学生のうち5.8％を大きく超えないと、新しい制度の意味が薄れる。以上2点は技術的な問題である。

2. 授業料値上げ？

第3は、一番大きな問題である。2004年の法人化後、各国立大学は政府の決定する授業料標準額の110％（2007年からは120％）までなら、自由に水準を設定できる。標準額自体が引き上げられると、国立大学法人は独自に値上げせずに、授業料収入を増加させることができる。しかし2007年標準額は据え置かれた。収入増を図りたい大学によっては、独自分を値上げするところも出てこよう。120％一杯までにすると、学生1人当り10万円以上の値上げになり、特に大規模大学の収入増は大きい。

しかし長い間私学よりも低い授業料で、国民に高等教育機会を提供してきた国立大学は、この役割を重々承知しており、値上げに逡巡してきた。中期目標・計画に授業料を据え置く努力をおこなうと明記している大学もある。大学はこの値上げを行うのに相当な覚悟がいり、値上げの説明責任を果たさなければならない。また低所得家庭出身の学生の高等教育機会提供にも、何らかの形で、配慮、努力していることを示すことが必要である。

さて年収400万円未満家庭出身者に対する授業料全学免除は、この配慮、努力として利用され、授業料値上げのエクスキューズにならないかという危

惧がある。東京大学の中期目標・計画には「授業料等学生納付金については、その妥当な額を設定する」とある。「妥当な」という意味が不明であるが、授業料を据え置く、値上げしないということは中期目標・計画には記されていない。

　東大の学生は、他の国立大学、特に地方国立大学の学生に比べ、中高所得家庭出身者が多いとしばしば指摘される。それならば授業料を値上げしても家計に対する影響は少なく、優秀な学生が他大学にいくという心配も少ないであろう。東大の授業料値上げは、コストに見合った「妥当な」という判断も出来よう。

　さらに東大が授業料を値上げすると、他の国立大学の授業料水準にも影響を及ぼすことが考えられる。追従して授業料を値上げする国立大学が出てこよう。そして多くの国立大学が独自分の授業料を値上げすると、今度は標準額それ自体も値上げされ易くなる。このように、国立大学授業料の値上げスパイラルが形成されるかもしれない。ここでは国立大学の使命達成が問われる。この点については、国立大学協会などで国立大学の使命の確認と、授業料に関する調整作業が必要である。

　さらに有名私立大学の中には、国立大学の授業料を睨みつつ、自大学の授業料を設定しているところがある。国立大学の授業料が値上げされると、私立大学の授業料にも影響する。日本は国際的に見て、GDPに対する高等教育支出の割合は、イギリス、フランス、ドイツとほぼ同程度の1％であるが、そのうち日本の公財政支出は0.5％とイギリスなどの半分程度としばしば指摘される。それは大学の授業料が高水準で、家計の負担が大きいからである。国立大学への運営費交付金の減額と、国私の授業料値上げが合わされば、この傾向をさらに高めることになる。

3. 格差問題

　第4に、授業料の値上げ問題とは別に、他の国立大学も一律授業料免除策がとれるかという問題がある。これについては、コスト面から検討する必要

がある。公表された財務諸表等から国立大学が、平成17年度に奨学目的で減免された比率である奨学費比率(奨学費／(授業料収益＋入学金収益))を見ることができる。東大は7.4％と高率であり、全国立大学のうちでも3位である。同じ旧帝大の名古屋大学や大阪大学は5.5％である。東大はもともと減免に力を入れてきたのである。

東京大学が奨学費比率を高くとれたのは、その実施コストが小さいためである。附属病院収益を除いて、経常収益に占める学生納付金収益比率(授業料＋入学金＋検定料)を検討すると、東大は医科大学、大学院大学という小規模単科大学を除いた大学のうちで、最小値である(10.8％)。名古屋大学は17.5％、大阪大学は14.5％である。因みに国立大学の最高値は大阪外国語大学の50.3％である。もともと学生納付金が経常収益にしめる割合が小さいので、減免にかかるコストが小さいのである。授業料収益の割合が大きな大学ほど、減免にかかるコストが大きくなるため、今後の実施は困難になる。このように現行の国立大学の財務状況下では、運営費交付金収入、附属病院収入、受託研究収入、寄付金収入が多く、授業料免除のコストが小さい大学ほど、授業料減免をできる可能性を持っているといえる。

第3部　大学の経営

第8章　私立大学の経営環境

　このところ新聞各紙は、しばしば私立大学の経営について報道している。たとえば日本経済新聞は、2005年10月に私立大学経営者に自ら行ったアンケート調査の結果について論じている。それによると私大経営者が、今後5年間で経営破たんすると予想する大学の数は、平均で48校であった。

　また同じく日本経済新聞は、文部科学省が、経営破たんした私立大学の学生を救済するため「破たん保険制度」などを検討する研究会の設置を報じている。すでに大学関係者の間では予想されていた大学倒産時代が、いよいよ到来してきたという感じである。

1. 二つの厳しい状況

　言うまでもないが、私立大学の経営を取り巻く環境は、厳しいものがある。第1に、人口動態の変化がある。18歳人口は、1992年のピーク時から2004年までに、64万人減少した。その間の大学・短大入学者は、30万人ほど少なくなってもおかしくはなかった。しかし実際には10万人しか減少していない。この現象の背景には、進学率の上昇がある。これは大学側の努力の結果と考えることが出来る。

　多くの大学が、積極的に学生募集に取り組み、オープン・キャンパスや公開講座などを開催し、入試の方法に手を加えてきた。さらに学生が魅力を感じない学部学科を再編し、また短期大学を4年制に昇格させたりしながら、学生にアピールしてきた。その結果、数の上では、大学入学者は減っていない。大学・短大入学者数の減少のほとんどは、短大入学者の減少によるもの

である。

　今後18歳人口は、さらに確実に約23万人減るから、ますます大学の努力が求められる。過去6年ほど大学・短大志願率は、56％と一定している。これを何とか上昇させ、進学率の上昇に結び付けることが期待される。日本の私学の財源は学生納付金に依存しているので、経営安定のためには、進学率を上昇させることしかない。

　第2に、以上の点と関連するが、私学の財政状況の厳しさを挙げることが出来る。現在では、定員増と学費値上げの双方とも簡単ではないので、学生納付金収入の増加は困難である。また補助金も1大学当りでは、ここ数年減少し続けている。支出面では、確かに人件費はどこの大学でも徐々に減っていく傾向にあるが、教育研究経費および管理経費は上昇している。つまり**図8-1**および**図8-2**に見るように、私大では支出の減少よりも、収入の減少が大きくなっている状態である。

　第2章で指摘したように、日本の高等教育へのファンディングは、今後ますます多様化することが予想される。教員数や学生数に基づいた一律的平等

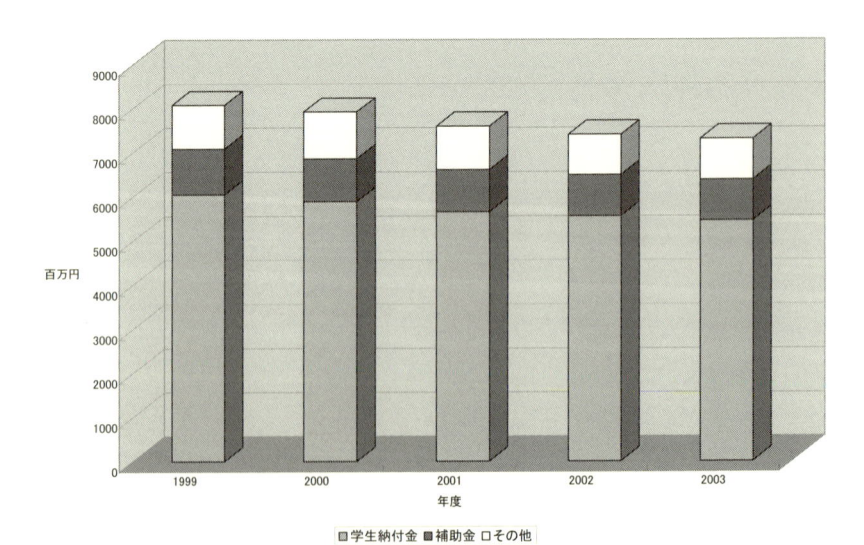

図8-1　大学法人の帰属収入：1法人当り

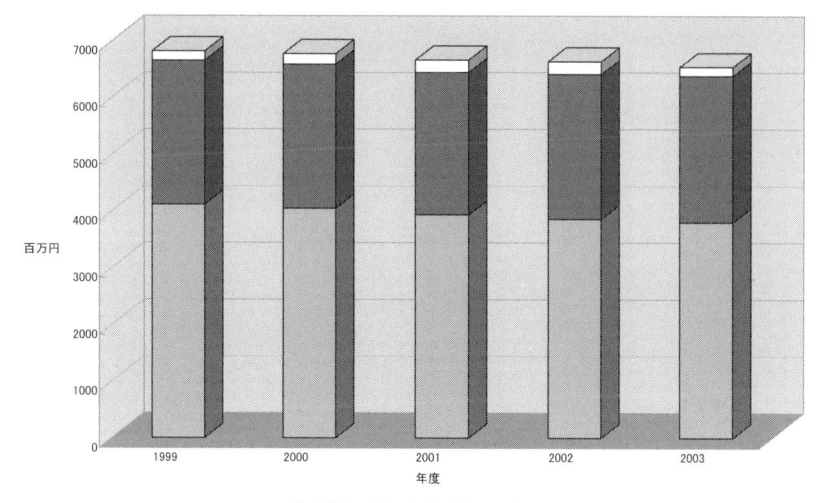

figure8-2 大学法人の消費支出：1法人当り

凡例：■人件費 ■教育研究管理経費 □その他

的な資金配分から、プロジェクト・ベース、競争的に獲得する資金配分へシフトしている。ファンディングが変化するので、大学側もそれに対応した資金の獲得が必要となる。競争的資金は、国公私立の区別なく、公平な競争が行われるが、結果的には国立大学が獲得するのに有利といわれている。これには国立大学の努力も見逃せない。これまで競争的資金を獲得した国立大学の中には、獲得に当たって、①早くから獲得のための組織作り、②学内コンペの実施、③コンサルタントとの契約助言、④獲得資金として学長裁量経費の使用、などを行っているところもある。私立大学も、競争的資金の獲得に努力を惜しまず、何とか増やしたいものである。競争的資金獲得は、その取り組みへの評価がなされたということだけでなく、学生募集や教職員の士気向上における効果もあると考えられる。

　以上の二つの困難な状況の中で、私立大学は、建学の精神に基づき、教育研究の使命遂行するために、経営を安定させ、存続しなければならない。以下では、それについて何が重要となるかまとめてみた。

2. 経営戦略の一貫性と組織性

　取り巻く状況は同じでも、個々の私立大学がどう対応するかは、それぞれ異なる。第12章で紹介するアメリカのエイロン大学の経験から学ぶことができる点は、ポジショニング、マーケティング、カリキュラム、授業法、マネージメント、を含む経営戦略の一貫性と組織性である。大学は、さまざまな学部・学科で構成され、管理組織も多様である。それぞれが経営安定への努力を行っているが、計画やその実施の一貫性や組織性が重要となる。

　第6章で、国立大学の中期目標・計画について、問題点を指摘した。中期目標・計画の作成が、大学の教育研究活動や経営管理の効率化をもたらしたかどうか、に対する評価はまだ早い。しかし数校の国立大学を訪問し、学長、理事の方々にインタビューすると、それらの大学で中期目標・計画の達成への組織的努力が、なされていることが分かる。

　私立大学のなかには、国立大学の中期目標・計画に当たるものを、すでにもっているところがある。理事会、学長、事務局長だけでなく、一般の教職員にもその目標・計画をよく理解してもらい、達成へ組織的努力をすることが望まれる。

　私立大学の第1の顧客は、学生であり、学生のニーズにあった教育プログラムを提供することで、私学の経営が支えられる。しかし学生ばかりが顧客ではない。大学が学生に教育を行い、知識・技能の発達を促すことで恩恵を被るのは、学生が就職する組織の雇用者である。また社会一般も大学教育から恩恵を受ける。よって大学の顧客には、雇用者や社会全体も含まれる。そうした雇用者や社会のニーズに対しても、応えていくことが大切である。学生のニーズばかりを強調するのは、企業や社会からの支持、支援を受ける上で十分ではない。

　第1章の表1-1に示したように、大学教育の利益は四つに分類可能である。個人的な利益は、学生のニーズに関連すると考えてよい。また社会的なニーズは学生以外、社会全体の利益に関連する。それぞれに金銭的、非金銭的利益があり、双方とも重要である。私立大学の中には、建学の精神に基づいて、

社会的な利益を目標に掲げているところもある。しかしこれは相対的には強調されることのない分野であった。私立大学の社会的支持を強化するには、この分野の強調も必要である。

黎明期から私立大学は、専ら個人のニーズに合わせて大学教育を提供してきたといってよい。明治期には、外国語、商学、法律などの職業教育を行った。それらに加えて、戦後は文学、家政学などの分野で女子教育を充実させ、学生のニーズに合わせてきた。しかしこれらの教育は、個人的な利益に関連するが、同時に社会的な利益でもある。私立大学が、国立大学と同様この社会的な利益に貢献していることは、しばしば見逃されがちである。高等教育に対する公財政支出が、各国に比べて低いことは、この点と関連していると思われる。

3. 学費のレベルと徴収方法

日本では親が、学費を支払う場合が多い。しかし大学の授業料と奨学金は、学生が大学に志願し、受験し、合格した場合に進学するかどうかの意思決定に影響を及ぼす。学費を支払うことが出来ずに、早くから進学を断念している高校生もいると思われる。そうした学生に4年間の学費総額や、生活費を含めた進学費用の調達方法の情報を提供する必要がある。そうすれば早くから進学をあきらめていた高校生にも、進学の可能性を示すことが出来る。日本ではオープン・キャンパスや大学のホームページで、生活費を含めた学費のやりくりを紹介することは、まだまだ少ないようである。こういった情報は、大学側が積極的に提供することが望まれる。

第12章で紹介するように、アメリカでは、奨学金が学生募集に大きな影響を及ぼしている。授業料収入からどの程度奨学金の財源に回すかは、経営者のポリシーや戦略による。大学によって授業料収入から何%回すかが異なる。一定の提供奨学金総額が決定した後、それの配分方法も大学によって違う。少数者に多額の奨学金を与えるのか、多数者に少額ずつ配分するのか、経済的に恵まれない学生の援助を中心にするのか、または成績優秀者に配る

か、さまざまな基準がある。高校時代の成績による奨学金は、学生募集にとってより効果的と思われる。また入学後の大学の成績による奨学金は、大学での学習の動機付けを狙う効果がある。日本でも奨学金は、今後学生募集に重要な手段となる。奨学金の財源を独自で確保し、重要な財源と思われる同窓会との関係強化も必要である。

4. 学生の教育とサービス

　日本の高等教育もユニバーサル段階に入った。そこでは学生の教育や、それを支援する諸々のサービスも充実させる必要がある。厳しい入学試験によって、学生の質が確保されていたエリート、マス段階と異なり、ユニバーサル段階では、入学直後に特別な導入教育を必要とする大学が出てくる。それをどのように進めるか、誰が担当するのかを検討しなければならない。

　ユニバーサル段階では、すべての大学が教育よりも研究を重視することはできない。教育重視をミッションにする大学がさらに多くなることが予想される。それに沿って教員のリクルート、カリキュラム開発、ファカルティ・デベロップメント、授業評価、ティーチングに対するインセンティブ制度等の整備が必要となる。

　日本の大学では、学生がキャンパスで過ごす時間が少ないように思われる。それでも自然科学系では学生は実験や実習によって、キャンパスにいることが多い。文系ではクラブ活動をしていなければ、学生はキャンパスで過ごす時間は限られる。キャンパスで過ごす時間が多ければ、大学は学生に対して身につけてもらいたい価値、態度、行動様式などキャンパス・カルチャーを教えることが容易と思われる。授業で提供されるカリキュラムを顕在的と呼べば、これらは潜在的カリキュラムということが出来る。伝統的大学は、この潜在的カリキュラムを持つことで長い間存続してきた。

　しかし日本の大学以外の高等教育機関やアメリカの株式会社大学は、この潜在的カリキュラムをほとんど強調していない。それらの大学は学生の学習に効率的で、短期的効果を持ちえるかもしれないが、若者に対する長期的影

響力の点では、効果的とはいえない。尤もアメリカの株式会社大学は、職業志向の強い成人の学習機関を目指しているので、これらの潜在的カリキュラムは必要ないかも知れない。これらのキャンパス・カルチャーは、学生に大学に対する愛校心を植え付け、将来出身校の支援母体を形成する可能性がある。

　学生の中にはアルバイト、同好会、専門学校などのため、授業時間以外はキャンパスにいないものもいる。学生納付金をキャンパスで過ごす時間で割れば、学外で過ごすことの多い学生は、大学を利用するという点で、より高い買い物をしていることになる。学生がキャンパスで過ごす時間を多くするために大学は、学生に学習以外のサービスをする必要がある。例えば学生寮の整備充実が必要である。これは何も大学が何から何まで用意する必要はなく、民間業者への委託や共同事業でも可能である。国立大学でもPFI方式によって寮整備に着手しているところもある。

　学内アルバイト、クラブやサークル活動の支援、ボランティア活動の紹介などの分野で、これまで学生が主体的に活動してこなかった大学では、これらの活動を大学の教職員が率先して始め、呼び水の役割をすることが大切であると思う。学生支援については、第11章で論じる。

5. マネージメント

　現在は変化の時代である。大学も例外的ではない。そして変化の時代が終わって安定期が来るとは思われない。むしろ常に変化し、変化の程度もさらに大きくなる可能性がある。そこで大学は、変化に対応する自己革新体制を持ち続けることが重要となる。常に内部に改革への対応が埋め込まれている組織を、「学習する組織」というが、大学もそのような組織になる必要がある。ある私立大学の理事長は、講演会で大学改革は次走者が助走する競走リレーのようなもので、一つの改革が終わる前に、次の改革が進行していなければならないと述べていたが、学習する組織はそのようなものである。

　そのような組織作りに適したマネージメントが必要とされる。国立大学は

長い間、教授会がさまざまな意思決定に、大きな影響を持つ、いわば同僚支配の構造をとってきた。しかし法人化を契機に、成果に基づく法人経営の手法が一部導入されつつある。結果を判断するには時期尚早だが、国立大学経営も変わりつつある。国立大学に比べ、私立大学の管理システムは多様だが、硬直的な組織のままの私立大学もある。改革によりすばやく対応できるシステムへの変化が求められている。

　人事システムについて、私立大学は国立大学より人材の確保、養成、処遇に関してより大きな自由度を持つと考えられる。国立大学は法人化後、職員は国家公務員ではなくなり、採用、給与などに大幅な自由度が与えられた。しかし各大学法人で、採用、給与が独自で決められるようになるまでは、しばらくかかりそうである。私立大学は、今後も専門性に基づいた職員採用、スタッフ・デベロップメント、効率的な人材配置、職員に対するインセンティブ提供を続けていかなければならない。

6. 経営困難大学

　以上で指摘した大学経営の安定化への努力を行っても、今後は、残念ながら経営困難大学法人が、出てくることが予想される。高等教育における市場原理がより徹底しているアメリカでは、大学経営が不安定であるといって、連邦政府や州政府が、積極的に救済に乗り出すということはない。高等教育機会の提供は、州政府の仕事で、事実上私立大学にその役割の一部を任せている日本とは異なる。よってアメリカでは私立大学が閉校しても、高等教育機会は、州政府が提供できるという考え方である。また学生は、そもそも転学も多いため、特に公的機関が、倒産大学の学生の転学を支援する必要もない。ちなみに、アメリカでは入学金を課す大学はほとんどなく、転学しても再度入学金を支払うこともない。

　またアメリカの学部教育は、リベラルアーツ、教養教育中心であるので、学生の専攻が日本ほど明確ではない。よって学部での専攻が転学の支障になることも少ないようである。大学が倒産した場合、問題となるのは支払い済

みの授業料を、学生にどのように返済するかだけである。

さて日本の場合、これまで私立大学は、高等教育機会の提供に大きな役割を果たしてきた。また文部科学省は、私立大学の新設や改組、すなわち設置認可行政に大きくかかわってきた。これらのことを考えると、私立大学が経営困難になったからといって、公的機関がまったく関与しないわけにはいかない。すでに文部科学省の学校法人運営調査委員会や、日本私立学校振興・共済事業団は、私立大学の経営分析や指導・助言を行っている。

さらに自力で経営の安定化が出来ず、経営困難となった大学は、他の大学法人との合併、事業譲渡、民事再生法に基づく再生手続きが考えられる。私学振興・共済事業団も、経営困難大学に対して、救済の意向をもつ組織の紹介等を行うとしている。大学法人の合併統合については、銀行などもビジネスチャンスと考えているようである。しかし今後経営の救済を求める大学の数が増えるに従って、救済する側の見る眼も厳しくなり、合併統合の仲介も難しくなる。リスクが大きいと、救済の引き受け手がない、というケースも予想される。スポンサーが見つからなければ、破産法による閉校の手続きしかなくなる。いつ救済を求めるか、大学経営者の判断と意思決定が、ますます重要になる。

7. 学生へのセーフティネット

大学が閉鎖された場合、在学生の就学機会を、どのように確保するのかは最大の課題である。文部科学省は、破たん法人から在学者の転学の申し込みがあった場合、国公私立大学に対して、受け入れの協力を要請することになる。しかし仮に受け入れの協力が得られても、入学金の支払い、既修得単位の認定、奨学金の用意、受け入れ大学への財政等支援、など関係機関間で協議することがある。

もともと日本では、転学が少なく、また学生は大学に入学するというより、実質的には学部に入学し、一年生から専門を明確にする。よって閉鎖された大学の学生に、これまでと同じ学部の就学機会を与えることは、簡単ではな

い。さらに困ったことに、経営困難大学は、人口の少ない、よって大学数も少ない地域に立地していることが多いため、同一地域で受け入れ先の大学や適切な学部があるかどうか、という問題も発生する。また閉鎖された大学と、受け入れ先の大学との入試難易度に、著しい違いがある場合は、不公平感を持つ学生も出てくる。学生のセーフティネット作りも、容易ではない。

8. ソフトランディング

　以下はあくまで私立大学全体を対象にした計算値であり、一つの目安に過ぎない。現在の進学率49.9％が続けば、2012年に大学・短大入学者は59万人となり、今より11万人ほど収容人数が余る。現在の入学者数70万人を確保しようとするならば、18歳人口が118万人の2012年に大学・短大進学率は59.3％の水準に達しなければならない。

　学生数11万人が減少すると、授業料収入は、医歯系法人を除く大学法人全体で1,100億円減収となる。これを国庫補助金で補うとすれば、現在の水準の4分の1以上増額される必要がある。また1,100億円を現在の学生が負担するとなると、学生1人当り4.5万円となり、現在から約4.7％の授業料値上げとなる。または1,100億円分の寄付金などの外部収入の増加が考えられる。

　大学全入時代に私立大学が、ソフトランディングするには、以上の進学率上昇、国庫補助の増額、授業料値上げを含む収入増加の三つの組み合わせで行うことになる。

第9章　学生募集のための授業料と奨学金

1. 高等教育費の負担

　高等教育には費用が発生するが、それは社会の負担と個人の負担とに分かれる。国際的に見ると高等教育費は、社会の負担から個人の負担へシフトしているといわれる。ヨーロッパ、特に北欧、ドイツ、オーストリアでは政府の負担が今でも大きく、大学の授業料は無償が原則である。無償が可能なのは、結局のところこれまで進学者が少なかったからである。しかし進学者が増加するに従って、ヨーロッパでも授業料有償化が検討され始めている。

　さてアメリカでは、連邦と州の二つの政府、個人、NPO、私的財団が負担しているといえる。そこでは政府でも個人でもない、第三者の存在が特徴である。それに対して日本は、政府、私的財団ではなく、個人の負担が大きい。2兆円を超える政府予算、国立学校特別会計、3千億円の私学助成があるものの、GDPの中に高等教育公財政支出の占める割合が、欧米諸国に比べ低いとこれまで多くの人が指摘してきた。結局日本では家計に負担がかかっているといえる。

　なぜ欧米では政府が高等教育費を多く負担し、日本ではそれが少ないかは、政府予算制約のほかに高等教育の外部効果に対する考え方の違いによる。政府負担が大きいところでは、高等教育がそれを受けた本人だけではなく、社会全体に役にたつという外部効果を認めているといえる。特にアメリカでは少数エリートの外部効果だけではなく、できるだけ多くの人が高等教育を受ければ、社会全体の利益になるという考えがある。政府が公立大学を積極的に拡大して、高等教育のユニバーサル化が進んでいる。ところでどこの社会でも、高等教育費の負担は、受益者負担主義が原則である。もちろん受益者

は受けた本人だけでなく、家族、近隣地域、社会全体でもある。ただし受益者の割合を特定することは、いろいろな困難がある。

2. 高等教育費の受益者

　義務教育では、国民全員が共通の教育をうけることによって、国民全員がそれから利益を受けることになるという前提がある。そこで無償教育が原則となり、社会全体が義務教育費を負担することになる。大学教育について、多くの個人は、そこから経済的非経済的利益が期待できるので大学に進学する。この場合受益者は個人とその家族である。そして大学の外部効果は、義務教育より小さいと考えられてきた。しかし大学教育を受けた人材が、社会の発展に貢献する例はいくらでもある。そこで政府は大学教育にも資源を投入する。日本の場合、その資源は、歴史的に国立大学に集中投資されてきた。しかし研究面は別として、国立大学の輩出する人材と私立大学の輩出する人材とでは、大きな差があるとはいえない。例えば私立大学卒の中学校の教員と、国立大学出身の中学校教員に教え方や効果に違いがあるとは思えない。もしあるとしても、どれほどあるのかの測定が困難であるし、またされたことはない。私立大学と国立大学の学費の差、すなわち税金投入の差の根拠は、それほどはっきりしたものではなくなっている。

　国立大学の学費低廉化対策の根拠は、学費を安価に設定することによって、高等教育の機会均等が達成されるという期待である。しかしこうした機関助成による授業料低廉化による機会均等政策は、その非効率性がしばしば指摘されてきた。一律に学費が低くなるので、金持ち出身の学生にも恩恵がおよび、結局のところ金持ちへの補助金となりやすい点である。経済学ではフリーライダーの存在といっている。機会均等政策は、奨学金で行う個人助成方式が望ましいといえる。

　さて以上で確認したのは、日本では高等教育費の個人負担が大きいこと、私立と国立の授業料格差は根拠がないこと、一律授業料低廉化策としては、効率性公正性の点から必ずしも支持できないことの3点である。

3. 日本の授業料水準

　ここで日本の大学の授業料水準について、この成立期からレビューしておく。明治維新以後、日本の大学はいろいろなプロセスを経て成立していく。1886（明治19）年帝国大学令が施行され帝国大学が成立するが、その間は政府の文教予算の未整備もあって、大学教育費は学生の自己負担が原則であった。その後1918（大正7）年の大学令成立前後まで、近代化のための人材養成、すなわちその第一条に示された国家の須要に応ずる人材養成目的のため授業料低廉化策をとる。この政策は機会均等ではなく育英目的である。戦前期を通して、私立国立大学の授業料格差は小さいといえる。私立大学の授業料が国立に比べ、それほど高価でなかった理由は、私立大学が独特な経営を行っていたからである。戦前は、私立大学の数も学生数も少なく、大学の専門部は特別な存在であった。すなわち大学は専門部の下に、別科予科という部門を設けた。そしてそこで費用のかからない利益の上がる経営を行い、そこでの利益を専門部の教育経営にまわしているという内部補助方式を取っていた。

　さて、戦後、新制大学制度の整備が一段落し、まもなく高度経済成長が始まる。そのため理工系マンパワー養成という課題達成が政府や産業界から求められ、国立大学は低授業料政策をしばらくの間取る。これも戦前の育英主義に近く、機会均等政策とはいえない。日本の高等教育政策には、機会均等政策はなかったといえる。少なくとも国立大学に積極的にその役割を担わすことはなかった。この理由には日本全体の所得格差が小さいことと、国民の教育熱心が進学奨励のための均等政策を必要としなかったことが挙げられる。実際に高等教育機会を国民に提供し、機会拡大、機会均等に貢献したのは、学費の高い私学であった。

　その後1970年代初めから、私立大学授業料との格差是正の理由によって、国立大学授業料値上げが始まる。これは学生紛争が下火になり、授業料値上げがし易くなった結果で、理念としては公正の観点からの政策と考えられる。その後さらに政府財政の危機表面化によって、授業料と入学金の毎年交

互値上げが行われる。大蔵省の諮問機関である財政制度審議会は1992（平成4）年と1994（同6）年の報告で「授業料の学部別格差の導入」の検討勧告をしている。これに対して国立大学協会第六常置委員会は、1993（平成5）年あたりに授業料低廉化政策支持と、学部別授業料反対表明を機会均等と人材育成の観点から行った。ただし低い授業料と機会均等がどう結びつくのか理論的にも弱いことが、国大協の中でも認められていた。

　手にはいりにくいものほど高価であるという経済原則に従えば、入りにくい大学ほど授業料が高くても不思議ではない。しかし日本の大学は入学難易度には差があるのに、戦後の私立大学の授業料水準にはそれほど大きな差が見られない。この理由は国立大学の存在である。戦後の国立大学は、人材育成のため授業料低廉化策をとってきた。授業料低廉化策は、機会均等策と同一視されやすいが厳密には異なる。低廉化策によって機会均等を達成するには、収容数の拡大が必要である。しかし日本の国立大学は、高等教育の需要が大きく拡大したときも定員数を拡大しなかった。結果として国立大学の入試競争の激化を招き、私立大学に対する比較優位の立場を得た。そして国立大学の低授業料水準は、私立大学の授業料水準にも影響を与えてきた。国立大学の授業料がベンチマークとなり、それよりも質の面でも劣る私立大学は、授業料を値上げできない事態が続いた。しかし今後は国立大学法人化によって、事態は変化するものと予想される。

4. 国立大学法人化後の授業料

　国立大学等の独立行政法人化に関する調査検討会議が、2002年3月26日に発表した「新しい『国立大学法人』像について」には、法人化後の国立大学の学生納付金の取り扱いについて述べられている。「学生納付金については、教育の機会均等、優秀な人材の養成にあわせて、大学の自主性・自律性の向上等にも配慮する必要がある。したがって、運営費交付金算定への反映のさせ方に配慮しつつ、各大学共通の標準的な額を定めた上で、一定の納付金の額について、国がその範囲を示し、各大学がその範囲内で具体的な額を設定

することとする」とこれまでの全国国立大学授業料一律主義を180度転換させることになる。

　しかし結論を先取りすれば、ここ2～3年は額の現行水準からの大幅な変化はないであろう。また学部別授業料の導入もないであろう。ここで重要なことは、各大学が独自の授業料を設定することで、教育研究または経営組織体としてのミッションやポリシーを宣言することになることである。授業料を通じて教育研究の個性化、多様化が進展することが大切であると考えられる。この国立大学法人化後の授業料の動きは、中長期的には大学間授業料格差の拡大につながると考えられる。

　ここでは法人化後の国立大学の授業料は、ここ2～3年は、現行通り一律であると指摘した。しかし同時に国立大学のなかにも法人化を機会に授業料に関して、いろいろな工夫を凝らす大学が出てきたのも事実である。例えば、北海道大学工学研究科博士課程の大学院生全員は、2年間の授業料相当額を助成される。原資は企業や自治体からの奨学寄附金や委託研究費であるという。また島根大学は、地元銀行と提携し授業料融資制度を導入する。在学期間中の利子を島根大学が負担する。返済は卒業後で、実質的には授業料後払い制度と言える。山口大学では、成績優秀者の授業料の免除を制度化するという。国立大学の授業料免除は、これまで経済的理由からなされていたが、成績に基づいた免除策は珍しい。これらの試みは、法人化の効果といえる。国立大学の授業料をめぐる動きに今後も注目したい。

5. 学費多様化の現実

　アメリカの高等教育進学率は、現在のところ約70％と日本のそれより高い。この水準は高等教育のユニバーサル段階と呼ばれている。この段階では低所得層を除いて、高等教育進学が小学校中学校と同じように、ほとんど義務化として捉えられている。高等教育エリート段階では高等教育は奢侈財であり、裕福層の特権であった。その段階では政府財政支出は比較的小さく、また大学はお金持ちだけを相手にするだけでよかった。ユニバーサル段階では、す

べての所得階層が進学を考えるので、大学は所得階層の広がりに対応するよう求められる。この段階では大学は低所得層の進学拡大と、学生からの収入確保という二つの要求を同時に満たさなければならない。その一つの結果が、学費多様化という現象である。

　アメリカの大学における学費多様化は、セクター間および大学間の学費の多様化と、同一大学内の学生間の多様化という二つの面から捉えることができる。大学間の学費多様化について、学費は日本と同じで公立大学より私立大学のほうが一般に高い。私立大学は、公立大学に無い特色を売りにしており、たとえば少人数教育や宗教教育など、学費が高くても、どうしてもそこで学習したい学生が、高い学費を支払う構造になっている。さらに最近話題の営利大学、株式会社大学の授業料はさらに高い。そして入学難易度の高い大学ほど高い傾向がある。これは手に入りにくい希少財ほど高価であるという経済原則に沿っている。また人口の少ない州にある大学ほど授業料は低い傾向にある。

　アメリカの場合、同一大学内の学費の多様化は、より複雑である。州立大学の場合、州内の学生より州外から来た学生の支払う授業料が、高いことはよく知られている。州内の学生は親や本人が州に税金を払っているので、それに対して州立大学がサービスをするのは当然という考え方である。日本でも公立大学でこのような論議はあることはある。例えば市立大学には、市民の税金が投入されており、住民税を支払っている市民の子どもが入学した場合、授業料を安くしてもいいのではないかという考え方も成り立つ。

　同一大学内の授業料多様化は、授業料そのものの多様化ではなく、給付される奨学金によってもたらされる。奨学金には連邦政府や州政府の用意する奨学金がある。政府の用意する奨学金は、専ら低所得層からの高等教育進学を助ける機会均等目的を持つ。また政府奨学金とは別に、大学独自の提供する奨学金がある。これは大学が入学させたいと願う学生を確保するための奨学金である。特定のスポーツにおける能力や実績のある学生用の奨学金は、多くの大学が用意している。そして同じように学力のある学生を入学させる目的のための奨学金もある。

ここで奨学金の種類について述べておく。日本語で一般に育英奨学金というが、奨学金と育英金とは区別が可能である。奨学金は英語でニードベースの奨学金といわれ、学費の支払いが困難な学生に、家計所得に応じて提供される。これは機会均等目的の奨学金である。また育英金は、英語でメリットベースの奨学金にあたり、何らかの能力、実績がある学生に与えられる。これは機会均等とは無関係で、政府なり大学なりが特定の目的で用意するものである。

　学生は大学進学に当たって、各種の奨学金を組み合わせることが可能であり、同一大学といえども、さまざまな学費を支払う学生が存在することになる。大学は独自奨学金を、学生募集の手段として用いる。大学は複数の大学に合格しながら、どこへ行くかを決めかねている学生に、独自奨学金を約束することによって、優秀な学生を自大学に入学させることができる。奨学金によって、他の大学から優秀な学生を買うというシステムになっている。学生は自分の学力と家庭の授業料支払い能力と、利用できる奨学金とを考慮して進学する大学を最終的に決定する。これについては、第14章で詳しく論じる。日本のように大学の授業料が大学によって個人によって、それほど差異がないところでは、個人の大学進学は学力のみによって決定されることとなる。

　全国99国立大学同一授業料に象徴されるように、大学間授業料、学生間授業料の差が少ない日本の大学でも、授業料は徐々に差がついてきた。日本の場合、授業料差別化は私立大学で先行している。理系と文系では、昔から理系のほうが高い学納金を徴収していたし、同一大学の学部間でも授業料が異なる大学は多い。入学時に支払額を違えている大学も出てきた。また単位毎の授業料を設定している大学も出てきている（立命館アジア太平洋大学や東京電機大学情報環境学部）。これは今後も他の大学で実践されていくと思われるが、この場合には学内学生が履修届を提出しないと、授業料収入が決まらないので、予算化手続きをどのように行うのかといった検討課題もある。

6. 学生募集と大学評価

　2002年10月2日、文部科学省の「21世紀COE (center of excellence) プログラム」の採択結果が公表された。このプログラムは、日本の大学を世界最高水準の研究拠点に育てる目的のため、文部科学省が研究資金を重点配分する制度である。対象は大学院博士課程で、2002年と2003年で各五分野から研究を公募することになっている。2002年2件が選ばれた東京農工大の宮田清蔵学長は「これを契機に受験生にも評価される大学を目指したい」と日本経済新聞紙上で述べている。「COEプログラム」は研究評価の一つであるが、この評価は学生募集と決して無関係ではない。ある私学では、採択結果大学全体の士気の向上になっていると聞く。

　大学評価は、現在の大学のキーワードである。評価の種類には、自己点検・評価、大学基準協会の相互評価、近頃話題の第三者評価、外部評価、受験雑誌大学ランキング、予備校などの市場評価もある。評価の目的も教育研究の向上、競争的資金配分、評価結果によって予算配分を決定しようという試み、受験生への情報提供などがある。評価は、アカウンタビリティの一環で行われる場合もある。大学には国、納税者、行政責任者、学生と保護者といったステイクホルダーが存在し、評価はこのステイクホルダーへの説明責任である。今後私立大学と国立大学とは異なった形で評価が実践されることになる。大学評価・学位授与機構は、国立大学を中心に第三者評価をおこなう。私立大学は近い将来、国の認証を受けた機関の第三者評価を受けることが義務付けられることを受けて、日本私立大学協会が「日本高等教育評価機構」の準備を進めている。評価結果の情報は、政府や大学が利用することになるが、学生にも有用と考えられる。評価は大学の教育研究内容の質の保証という面があるが、それが学生にどう伝わるかは評価活動では見逃されがちである。

　2002年夏ロサンゼルスにあるUCLAに行く機会があり、大学近くのハリウッド市に滞在した。そこで気づいたのが、すべてのレストランのドアやウインドウに衛生状況のランクが示されていることである。Aランクが90〜100％の合格、Bランクが70〜90％の合格という具合である。レストラン

の衛生状況のランキングである。お客は評判によって店を選ぶ。おいしさ、この基準にはミシュランの星が有名である。値段、雰囲気はガイドブックで知ることができる。しかしレストランに対する市場の評価は万能ではない。調理場や料理自体の衛生状態は、客にはなかなかわからない。衛生状況はお客の健康、時には命にもかかわるクリティカルな情報であるが、その情報へのアクセスは困難である。ある法的強制力がないと評価は難しい。アメリカでもハンバーガーショップでO157が発生し、犠牲者が出たことがあった。そこで保健所がレストラン評価を行い、消費者に情報開示する。この場合評価は、事故にたいする消費者保護の役目をはたす。

　大学の場合、市場評価はすでに行われているといってよい。学内レストランがおいしい、面白い先生がいる、同好会が充実している、などの受験雑誌のランキングである。以前から明らかにされている入試難易度、偏差値ランキングなども市場評価に含まれる。レストランにおけるガイドブックや世間の評判と同じである。しかし難易度ランキングは、大学教育の内容までは教えてくれない。これはレストランの衛生状態と類似性を持つ。教育内容についての情報そしてその評価は、学生には必要なはずである。評価される大学にとっては厳しい面があるかもしれないが、肯定的に高く評価された場合には、大学の宣伝、学生募集に有効となる。ハリウッド市でBランクをつけられたレストランは、客集めには苦労するであろうが、Aランクをつけられたレストランは、宣伝にもなる。

　大学評価は、今後大学がかかわらざるを得ない重要な活動になるが、それに関してこれまで欠けていると思われる三点を指摘する。第一に大学評価が誰によって行われようと、どんな目的で行われようと、評価結果の公表が原則と思われる。大学によって都合の悪い情報があるかもしれないが、情報は公開されなければ意味がない。

　第二に評価にコストパフォーマンスの情報も必要である。評価はこれまで隠れていた情報提供であるべきである。受験雑誌では知りえない情報、つまり教育内容と価格は、一つの重要な例である。授業料の高い大学は、いい教育を行っているから、高いのであるという説明が必要である。

第三にこれまで大学は、学生の在学中の発達に関して、それほど積極的に測定評価してこなかった。第三者評価は、基本的には自己点検・評価に基づかざるをえない。それ故自己点検・評価が個々の大学にとって大切である。これまで多くの大学広報には、その大学の就職状況、資格取得は掲載されていた。しかし学生時代に発達した能力、英語の能力、日本語の能力、一般常識、社会問題への関心度、プレゼンテーション能力、情報収集能力、問題解決の能力などの発達変化は、測定されることはまれであるし、点検・評価に記載されてこなかった。PR目的の評価では意味がないが、評価は結果として学生募集の手段となる。

7. 新学歴社会の到来

　これまで日本では学歴主義がさんざん批判され、大卒か高卒か中卒かで、職場での賃金や昇進のスピードなどが異なるといわれてきた。また大卒の場合には、どこの大学を出たかで出世の仕方が異なるとも指摘された。だから教育ママが、いい大学を出て、大企業に勤めるための第一歩としての学校の勉強に向けて、子どもを叱咤激励するといわれる。しかしこうした状況は諸々の社会変動に伴って、徐々に変わりつつある。優秀な人材の大企業中心主義から、個人企業、ベンチャービジネスといわれる分野への移行もその一つである。これまで優秀な人材を吸収する上で絶対的に有利であった大企業そのなかでも銀行、ゼネコン、生命保険などが、日本経済の低迷の中で軒並み比較優位を保てなくなっている。

　日本社会で現在起こりつつあるのは、大卒か否か、どこの大学かといった集団主義に基づく学歴主義が崩壊しつつあることである。代って個人の力に基づく新学歴主義が始まっている。どんな学校を出たかではなく、学校で何を学んだか、いかなる力をつけたのかが問題となる。個人の能力評価が異なった基準でなされるようになるが、その能力はやはり大学で養成されるだろう。これまでのように大学卒業が単なるお飾りであり、それでも学生にとって意味があれば、人々は学費にそれほど関心を持たない。しかし大学が学生にど

んな実力をつけてくれるのかが問題となると、大学の学費や教育内容が学生にとって重要となる。大学教育のコストパフォーマンス、コストベネフィットが関心をもたれるようになる。社会人大学院が徐々に増加しているが、院生達はこれまでの学部学生と異なって教育内容に対して厳しい。そういった現実が、近い将来学部段階にも降りてきて不思議ではない。

第10章　私学経営と授業料

1. 財務諸表の公開義務

　平成14年度「今日の私学財政」(日本私立学校振興・共済事業団)のデータによると、過去数年の私立大学(法人)の財務状況を示す指標は、集計的には悪いものではない。たとえば総負債比率(総負債／総資産)はこのところ減少している。またひところ80％を超えていた人件費依存率(人件費／学生納付金)も年々減少傾向にあり、70％を切っている。そして教育研究経費比率(教育研究経費／帰属収入)もここ数年伸びている。一見したところ集計的には私学の財務状況は、健全化の方向に進んでいると捉えられ、実際そのような指摘もなされている。しかし私学の実際のムードはこの健全化とは逆である。この集計的データが示しているのは、各私立大学が将来の厳しい経営状況を把握し、本格的に経営基盤の強化を図り始めたという面であろう。決して楽観的な健全化傾向という解釈はできない。

　ところでこうした私立大学の財務状況を示すデータは、集計的にはアクセス可能であったが、個別データはこれまで一般には公開されてこなかった。もちろん学校法人の中には、以前から財務諸表の自主的な公開を行ってきたところもある。しかし文部科学省は更に一歩進めてその義務化を検討しているという。現在大学法人は帰属収入の10％以下とはいえ、私学助成というかたちの公的資金を受け取っている。よって納税者への説明責任、経営財務における透明性の観点から、財務状況の開示義務化は当然という見方もできよう。しかし学校法人によっては、自らの財務状況の公開を躊躇してきたところもある。それが学生募集にとってよい影響を与えないと考えるからである。また学校法人の中には、財務諸表を公開するといっても、理事会や評議

会など極めて限定された範囲だけにしか公開していないところもある。これも公開が学生募集に与える影響を考慮してのことであろう。確かにどんな親でも経営状況のよくない大学に、自分の子どもに今後4年間の大学教育を受けさせたいとは思わないだろう。もっとも学校法人の財務諸表からその経営、財務の実態を把握することはよほどの専門家でないと難しいが。ともかく財務諸表の公開は、時の流れであり、近い将来全私立大学法人の財務状況が白日の下に曝されることになる。

2. 私大の授業料と教育コスト

この財務諸表の開示は、単に大学法人の財務状況を学外に明らかにするだけではない。私立大学の授業料と学生の教育に係る経費との関係を、ステイクホルダーに考えさせることになるという大きな意味を持っている。そこで授業料と教育経費との関係についてまとめてみよう。**図10-1**はイーレンバーグがアメリカ高等教育の授業料、教育経費、公的私的補助の関係を説明する際、用いた図式である (Ehrenberg, 2000, p.9)。大学が設定する学生1人当り授業料は、学生1人当りに係る教育経費から学生1人当りの機関補助を減じた額であると考えることができる。学生の中には奨学金のような個人助成を受ける学生もいる。よってそれらの学生が、授業料として実際に支払うのは、大学が設定する授業料からさらに個人助成を減じた額となる。

学生1人当り教育経費		
実際に支払う授業料	総助成額	
	個人助成	機関助成
大学が設定する授業料		

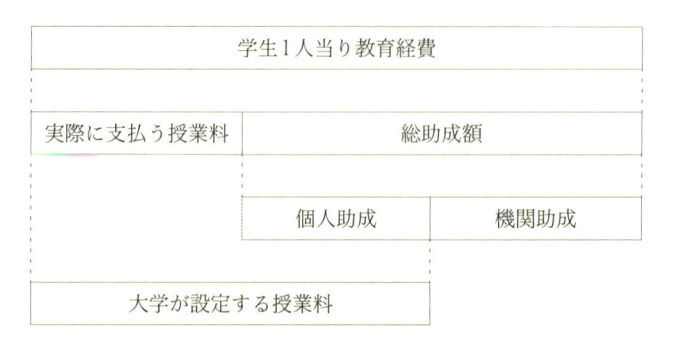

図10-1 アメリカの高等教育コストの構造

イーレンバーグが示した授業料についての理念構造は、日本にも当てはまるのであろうか。それを検討するため、日本私立学校振興・共済事業団「今日の私学財政」がまとめた医歯系大学を除く大学部門消費収支計算書の集計データを用いて以下の計算をしてみた。2001年度学生1人当り私立大学の教育コストは、97.1万円である。これは消費支出のなかの教育研究経費と管理経費のそれぞれの減価償却額を減じ、学生総数（大学院生を含む）で除した値である。この教育研究経費の中には、学生の教育経費だけでなく、教員の研究費も含まれている。それを考慮すれば、純粋な学生1人当り教育コストは更に低くなるはずである。

他方、学生1人当り納付金額は、私学平均で年額108.7万円である。また学生1人当り私学助成金は、12.1万円となる。イーレンバーグの図式に従えば、学生は1人当り納付金と助成金の合計120.8万円分の教育を受けてしかるべきである。しかし日本の私大生は97.1万円分しか教育を受けていないことになる。私学は差額23.7万円分をどのようにステイクホルダーに説明するのであろうか。この数値は集計的なものなので、個々の私学に当てはまるものではない。日本の私立大学にもイーレンバーグの構造に近い授業料設定をしているところもあろう。しかし平均的には、教育コストは支払われている授業料ほどにはかかっていないといえる。私学によっては、また学部によっては、この差額がより大きなところもあるだろう。特に複数学部を持ち、学部別授業料制をとっている私学では、もし教育コストと授業料の差額が学部間で異なっている場合、どのように説明するのであろうか。財務諸表の公開義務によって、個々の私学の授業料と教育コストの関係が明らかとなり、私学はこの説明責任を負うことになる。

大学教育コストの説明責任を求める傾向は、前納金返還命令にも表れている。2003年7月に京都地裁は、消費者契約法を適用し、入学しなかった受験生らが支払った授業料や入学金の返還を学校法人に命じた。数年前まで、一旦支払われた入学金授業料は、返還されないケースがほとんどであったので、大きな変化が生じているといえよう。これを機に、私立大学は学生納付金の中身である受験料、入学金、授業料、実験実習費、施設設備費などを明確に

説明することも求められよう。

　現在在籍している学生が支払った納付金を、当該学生の教育に支出し、さらに当該学生以外にも恩恵が及ぶ教員研究費、施設設備関係支出、基本金組み入れ等に充当しているのが日本の私学の現実である。しかし納付金が教育コストに見合ってないといっても、個々の私学に直ちに修正を求めるのは現実的ではない。納付金と教育コストを手っ取り早くイーブンにするには、私学が授業料を平均23.7万円下げるか、私学助成を現行の3倍程度増加させるかである。しかしそのいずれの実施もほとんど不可能に近い。授業料をはじめとする現在の私学の学生納付金水準が、これまでとられてきた私学政策、高等教育政策などの諸要因によって決定されているからである。まとまった額の基本財産やそれに対する政府補助を受けずに、学生の8割近くに高等教育機会を提供し、同時に質の向上をはかるのに、このような差額ですんでいるという見方もできよう。現実的には、授業料値下げと私学助成拡大を徐々に進め、差額を少しずつ縮めていくしかないと思われる。

3. 学生募集と大学評価

　このように財務諸表の公開や前納金返還命令などによって、私立大学の授業料の中身が厳しく問われ始めていることは確かである。授業料収入によってその経営が支えられている私大は、今後二つの競争に曝される。一つは学外に向かってオープンな競争である。もう一つの競争は、外部にはそれほど明らかにならない経営基盤の強化、経営効率化における経営組織としての競争である。

　外に向かっての競争には、学生募集とそれにもかかわる大学評価とがあげられる。私大にとってやっかいなのは、外に向かっての競争にはそれなりの投資を必要とし、コストがかかることである。学生募集のための学部改組、新学部設立、教育施設設備の更新、キャンパスアメニティの整備、サテライトキャンパス作り、大学院設置、キャンパスの都心回帰など多額の設備投資を必要とする。

また大学評価についてもコストがかかる。2002年11月「学校教育法の一部を改正する法律」が成立し、私立大学は文部科学省の認証する第三者評価機関の定期的評価を受けることを義務付けられるようになった。その結果に基づいて、設置基準に抵触している疑義があれば、政府は改善勧告、変更命令、廃止命令も出すことができる。第三者評価は公表されるので、私立大学は評価を受ける前に、相当な覚悟で学内の人的物的整備をしなければならない。低い評価の公表は、学生募集にも影響するからである。これはもちろん私大に少なからぬ支出増を強いることになる。

　この第三者評価の実施を待たずに、一部の私大は自ら進んで企業に似た評価を受け始めた。それは2003年から有名私立大学が相次いで取得した長期優先債務格付けである。この格付け取得は、将来大学が証券会社を通じて、金融市場で資金調達するための第一歩であると考えられよう。これまで私立大学は、収入源として主に学生納付金に依存し、他の収入としては政府補助金しかなかった。よってまとまった資金が必要な場合は、他の資金調達によることになる。その資金調達のこれまでの方法は、銀行や日本私立学校振興・共済事業団からの借入であった。将来学校債が金融市場で流通すると、私学の資金調達が多様化されることになる。

　しかし学校法人が、債務の格付けを取得するメリットは、資金調達の効率化ばかりでなく他にもある。それは大学評価にかかわる面である。債務の格付けは、大学の財務内容の評価である。高い格付けを取得できれば、財務内容の健全性を広く社会にアピールでき、大学のブランド力の向上、教職員の士気向上、ひいては学生募集に有利に働くことが予想される。大学評価は、主に教育研究を中心になされるが、財務内容が健全でないと、その充実も困難であるので、財務評価は教育研究評価と決して無関係ではない。

　2003年7月に格付け投資情報センター（R＆I）の長期優先債務格付け21段階中、2番目の格付け「ダブルAプラス」を取得した早稲田大学は、当面資金獲得のため債券を発行するつもりはないという。新聞報道によると、大学間の競争が高まる中で経営や財務の健全性を広く知ってもらうのが取得の目的という（日本経済新聞2003年7月16日）。このように私立大学の格付け取得目

的は、資金調達よりもむしろ高い経営財務評価による宣伝効果にあると思われる。この点については、以下の附論で触れる。

外に向かっての競争は教育研究資金獲得でも行われる。政府の私学助成は、このところ帰属収入の10％弱を占め安定している。しかし配分方法は大学にほとんど一律補助から、次第に特色ある教育、研究に対する特別補助を重視し、傾斜的、重点的配分の比重が大きくなっている。2003年出そろった「研究COE」や「教育COE」のような競争的資金配分方法も行われている。科学研究費には、間接経費が認められ、研究者と大学へ資金が与えられる。科学研究費の獲得が、研究者だけでなく大学自体にも財政的メリットをもたらす。そして教育研究資金獲得競争が特に私立大学にとって重要なのは、その資金そのものはもちろん、資金獲得実績による学生募集への効果である。この点は特に「教育COE」について宣伝効果が大きいと予想される。

4. 経営組織体の競争

1998年10月に出された大学審議会答申「21世紀の大学像と今後の改革方策について」の副題「競争的環境の中で個性が輝く大学」に示された政策が、以上のように次々と実行に移されている。この競争的環境の中で、個性を発揮できるには、それなりの人的物的投資をしなければならない。競争の結果、高い評価と資金を獲得できるのは、効率的に教育研究への投資を行った大学である。

大学評価、教育研究資金の獲得などの競争は、広く社会に明らかなかたちで行われ、結果も公表されることが多くなり、学生募集に影響を及ぼす。大学はそのような外に向かっての競争ばかりでなく、それよりも目立たないところでの競争にも曝される。それは経営組織としての競争である。経営基盤の強化や経営の効率化における競争である。これには教育、研究、管理運営におけるそれぞれの分野でのコスト削減、物品サービス購入の効率化、また外に向かっての競争のための投資拡大に関しての効率的資源配分、授業料、政府助成以外の収入増への経営努力、たとえば資産運用収入、事業収入など

の増加、企業との様々なかたちでの連携、寄附金収入源としての同窓会の活用、その他学内資源の有効活用などが含まれる。学生募集など外に向かっての競争を有利に進めても、必ずしも経営組織としての競争に勝てるとは限らない。また逆に大学評価、学生募集で苦戦しても、経営組織体が強化されれば、将来への展望も持てる。

　この経営組織としての競争は、これまで私立大学のほうが国立大学より優位であったはずである。しかし国立大学も法人化後は、財務経営に努力せざるを得ず、この分野での競争力をつけることが予想され、私立大学がいつまでも優位にあるとは限らない。

第10章 附論　学校法人の資金調達

　法政大学は、2003年2月6日、民間の格付け会社から長期優先債務格付けを取得したと発表した。アメリカでは大学は、債券市場を通じて資金調達することもあるので、大学の債務格付け取得は、珍しいことではない。新聞報道によると日本では法政大学が初めてである。

1. 格付けの背景

　格付け取得は、将来大学が証券会社を通じて、金融市場で資金調達するための第一歩である。これまで私立大学は、収入源として主に学生納付金に依存し、他の収入としては政府の補助金ぐらいである。よってまとまった資金が必要な場合は、他の資金調達によることになる。その資金調達のこれまでの方法は、銀行や日本私立学校振興・共済事業団からの借り入れであった。将来学校債が金融市場で流通すると、私学の資金調達が、多様化されることになる。

　18歳人口減少のあおりを受けて、私学経営はますます難しくなるが、学生募集のため、学部改組、キャンパス整備、大学教育や事務のIT化、都心回帰、大学院設置、サテライトキャンパス作り、校舎の高層化などを積極的に進める大学もある。また1960年、70年代に学生を大幅に増加させた多くの大学は、当時建築したキャンパスの老朽化が進んでおり、それらの改築も課題である。そういった大学にとって資金調達は重要課題で、その多様化と低コスト化を進める必要がある。

2. 多様化の利点

　これまで私学は、主に銀行から長期借り入れを受けていた。将来学校債で資金調達できれば、金利支払いなどより低コストが期待できる。これまで学校法人は、学生の保護者や教職員向けに学校債を発行していた。この形の学校債は、金利が無いか、あってもほんの僅かであった。また保護者のなかには、子どもが卒業後債権を放棄し、大学にそのまま寄付する場合さえあった。しかし小口で事務管理コストがかかり、資金調達の方法としては効率的ではなかった。文部科学省が2001年6月学校債の対象を一般向けに規制緩和したのを機会に、今後父母中心の小口から大口にシフトする学校法人も出てこよう。

　学校法人が、債務の格付けを取得するメリットは、資金調達の効率化ばかりでなく、他の面もある。それは大学評価にかかわる。さらに大学評価・学位授与機構、大学基準協会などさまざまな組織や機関が大学を外部評価、第三者評価しようとしている。債務の格付けは、大学の財務内容の大学評価である。高い格付けを取得できれば、財務内容の健全性を広く社会にアピールでき、大学のブランド力の向上、教職員の士気の向上、ひいては学生募集に有利に働く。大学評価は、主に教育研究を中心になされるが、財務内容が健全でないと、その充実も困難であるので、財務評価は教育研究評価と決して無関係ではない。

3. 市場での資金調達リスク

　個人向け国債の人気が高い。地方銀行は貸し渋りが続いている。このような需給関係の金融市場で、高い格付けを得た学校債が証券会社を通じて市場に出回れば、ある程度の人気を得よう。この点について新聞報道なども好意的である。しかし効率的な資金調達が可能となっても、大学にとって借金には変わりない。大学の生き残り策として、キャンパス整備、大学改革に積極投資する大学には、過剰な設備投資にならないのかという危惧が付きまとう。日本の私大の最大の収入源は、学生納付金である。積極投資が裏目に出て、

学生募集に効果がなかった場合は借金をどのように返済するのか。投資が成功したとしても、借金返済に学生納付金が当てられ、学生の負担によることには変わりはない。多様な資金調達化は、決して日本の私立大学財政の納付金依存構造を変えるものではない。これについて大学と政府は、解決策を見出さなければならない。

また債務格付けが低く評価された場合、事態はより深刻である。資金調達しようと思っても学校債が買われないことだってありうる。さらにこれまで大学は「売り手市場」で、いくらでも学生という「顧客」が存在した。そこで経営財務にすこしぐらい問題があっても、教育研究の評価には結びつかなかった。しかし「買い手市場」では、財務に問題があれば、教育研究の充実ができず、低い大学評価しかえられず、これは「顧客」離れに結びつく。

4. 課題

大学はアカウンタビリティの一環として、財務情報の公開を強いられるようになる。また大学基準協会の第三者評価にも財務評価が加えられる。よって債務格付けの取得は、今後大学の間で増えることが予想される。資金調達ばかりでなく、自らの財産運用にも大学は積極的に取り組んでいくことになる。しかし多くの大学は経営財務に精通した専門家を内部に抱えてこなかった。よってこのような専門家の養成や外部からのリクルートが私大の重要課題となる。ここでいう専門家とは、大学の使命をしっかりと把握し、そのうえで財務経営のノウハウを持ったものをいう。

現在は学校債を父母教職員だけでなく、一般向けに売却することが可能となったが、市場流通性がない。よって大学は証券会社に学校債をまず売却し、証券会社が大学の設立する特定目的会社(SPC)の社債を一般に売却する方法をとる。よって学校債といっても実際に市場に出回るのは社債である。今後はこうした煩雑な手続きをとらず、学校債を社債と同様売買できることが求められ、制度の改革が必要である。

学校債にせよ社債という形にせよ市場で資金調達をすることは、株式会社

と基本的には変わることはない。これは株式会社の大学参入にとってチャンスになるかもしれない。大学はこれまで非営利法人として扱われてきた。営利企業が大学経営に参入したら、どのような問題が起こるのか。大学が資金調達方法を多様化するのをきっかけに、その検討も必要な課題となる。

5. 大学の行方

　大学は今後銀行証券会社など金融機関と結びつきを強め、経営基盤の強化に努めるであろう。しかしこの場合もともと財務状況の好い学校法人は、高い債務格付けを取得し、資金調達を容易にし、教育研究を充実させ積極的な経営ができるであろう。しかしすでに財務経営のすぐれない法人は、財務内容の公開すらためらうようになる。このような場合、教育研究の沈滞化、学生募集のうえでマイナスとなりかねず、勝ち組と負け組の大学の二極分化が進行することになる。

　かつてどこの大学でも入学試験を課し、学生を選ぶことができた。学生は入学するのに努力を強いられた。18歳人口が減少中の今、生き残りに努力するのは大学のほうである。学生は単に入試の偏差値だけでなく、自分の行きたい大学の教育研究がどのように評価されているのか、そこでは自分の学びたい学習内容が教えられているのか、大学はどんな学生教育のポリシーを持っているのか、そしてそれらをささえる大学の財務経営の状況は健全か、をさまざまな評価を通じて知ることができる。大学はこれまでと異なって経営財務強化に積極的に取り組み始めた。しかし大学の使命は、学生の教育と学問研究であることを大学と学生は忘れるべきでない。経営財務強化は、そのための手段であって目的ではない。

第11章　学生支援サービス

　大学の異なった部課に属する教職員は、学生に対してさまざまな支援を行っている。本章では各部課が行っている学生支援サービスを、体系的にまとめてみる。体系化することで、各部課が行っている学生支援サービスを、全学的に見直し、それをより効率的効果的に提供すべく検討の助けとなればと思う。

　大学の使命は、教育、研究、そして社会サービスである。中でも教育は、国公私立問わず、ほとんどすべての大学が担う重要な役割である。学生支援サービスは、第1に大学が、この教育使命達成のために補助する活動と位置づけることができる。この目的での学生支援サービスは、直接的に教育に関する面とそれ以外の間接面に分けられる。直接的教育面での学生支援は、学生の学習を助けるカリキュラム、授業法、教材、チューター、などがある。

　ここでは間接的学生支援サービスについて考えてみる。教育面以外の学生支援サービスは、学生の在学中だけ行われるわけではない。**表11-1**にまとめたように、入学前や卒業後にも行われる活動である。これらの時期の活動目的は、第1の目的の教育使命達成に加えて、学生募集と経営資源への将来投資という側面を持っている。

表11-1　学生支援サービス

時期	サービスの目的		
入学前	①入学の容易化	②学生生活への移行支援	③学生募集
在学中	①教育使命達成	②進路情報	③学生の満足度向上
卒業後	①経営資源への投資	②卒業生へのサービス	③情報公開

1. 入学前の学生支援

　入学前の学生支援の基本は情報提供である。そして情報提供は、学生生活への移行の容易化の目的、学習の補助目的、学生募集を通じた将来の大学経営資源への投資目的という三つの目的を持っている。

　大学進学を希望している高校生は、高校の進路指導部、予備校、受験雑誌によって志望大学の情報を得ることができる。しかし志望大学から、直接志望大学や学部の情報を得ることは、受験生の進学に関する意思決定に大きな影響を持つ。オープン・キャンパスやウエッブによって受験生に個別に対応することが、効果的と考えられる。

　受験生に学部学科構成、学習内容、就職、資格、校風、キャンパス・ライフ、アパート、クラブ活動、アルバイト、など出来るだけ具体的に情報提供することが大切である。受験生が学生生活の具体的なイメージを抱きやすいからである。このような情報は、進学はほとんど決まっているが、どこの大学学部か決めかねている受験生に特に必要な情報となる。

　中には経済的な理由から、進学することを躊躇している高校生もいる。そうした高校生には大学入学前、大学時代にかかる費用について、詳しい情報を提供することによって、意思決定を助けてあげることが出来る。費用が負担できないと大学進学をあきらめる高校生、親元を離れて進学したいが、いくら費用がかかるか分からない高校生に対しては、このような費用に関する情報提供は有用であり、潜在的大学進学需要の掘り起こしになる。

　大学での費用情報は、単に授業料など納付金、学習費、生活費などの必要費用だけではなく、日本学生支援機構の奨学金や学内奨学金、その他ローンの利用やアルバイトによる収入の情報も、学生募集には効果があると考えられる。最近では民間の銀行と提携して、学生に授業料ローンを提供している大学がある。中にはローンの返済が、卒業後から開始され在学中は学費の支払いが必要ない場合もある。このような情報は、入学後ではなく入学前にこそ積極的に提供すべきである。

　大学の費用情報は、入学志願者の数だけでなく、入学者の質にも影響する。

さてこのような情報を提供するには、大学が費用についての十分なデータを持つことが必要となる。それには在学生を対象とした自大学の学生生活調査を行い、データを整備しておくことである。この種の調査は、これまで文部科学省が行ってきたが、各大学でも独自に行う必要がある。

2. 在学中の支援サービス

　大学は教育を行う場所であり、学生の学習を動機付けなければならない。その結果、社会は大学教育から学生を通じて恩恵を得、それがために国立公立大学はもちろん、私立大学にも国費が投入されている。在学中の学生支援サービスは、大学が学生生活を楽しくさせるためだけではなく、将来の公共財としての学生の学習を助けることを確認する必要がある。

　在学中の学生支援サービスには、直接学習にかかわるものと、学習に補助的なものがある。入学時に行われるガイダンス、オリエンテーションなどは、それらの双方を含む。そして在学中の支援には情報提供に、環境整備が加わる。学習の補助となるサービスには、奨学金、ローン、留学、インターンシップ、就職、大学院進学、アパート、アルバイト、などキャンパス・ライフや進路に関する情報提供がある。そして学生が快適な学生生活を送り、学習に妨げとなる障害を取り除くための環境整備があり、それらは図書館、食堂、学生用共用スペース、クラブ・ハウスなどの確保や充実がある。これらが適切になされれば、学生の大学への満足度も向上すると思われる。

　またこれらの活動にもかかわらず、学生が何らかの不満、障害を持ったときのケアも必要になる。学生の心身の健康相談室、セクシャルまたはアカデミック・ハラスメント対策、学内外での事故処理、その他リスク管理も充実させなければならない。

3. 卒業生への情報提供

　現代のような変化の早い知識社会では、学習は生涯にわたる。大学での学

習は一部に過ぎない。大学は学生が卒業した後も、学生からのニーズを把握し、学習に関する情報やその機会を提供することが望ましいといえる。卒業生に対してこのようなサービスを供与するには、まず卒業生管理システムの整備が重要と思われる。

　大学教育の利益は、学生個人だけでなく社会全体にいきわたる。学生の周りの家族、友人、就職する企業、住んでいる地域社会、そして学生が卒業した大学も学生から利益を得ることもある。日本ではこれまで学生と大学との結びつきは、学生が在学する4年間に限られてきた。学生が卒業すれば一部の学生を除いて、ほとんど結びつきがなくなってしまうのが大方のケースである。しかし今後は大学も卒業生という貴重な人的資源を有効利用することも考えなければならない。

4. 卒業生情報のメリット

　これまでも私立大学、特に伝統校では同窓会との強い結びつきがある。最近はいくつかの国立大学でも同窓会との関係強化が、すでに中期目標・計画で挙げられている。卒業生との結びつきを強め、卒業生情報を整備し、彼らに情報提供をするメリットは、主に三つ考えられる。

　第1に卒業生に対して母校の情報提供することが出来る。学生はステイクホルダーの一員であり、卒業後もそうである。大学はステイクホルダーに対して教育研究状況や財務経営状況の透明性を保ち、情報開示を行い、それを説明する責任がある。また説明責任といった義務的な情報開示だけでなく、教員が研究上大きな業績をあげたり、著名な賞を授与された場合、教職員や学生が社会的に話題になった場合などの情報、キャンパスの改築新築情報、そして教職員の退職就任情報などを卒業生に提供することも大切である。このような情報は、卒業生と大学の結びつきを強固、かつ継続的なものにするのに必要である。大学の情報提供は、学生や卒業生ばかりでなく、場合によっては父母など保護者にも行われるのが望ましいであろう。

　第2に卒業生との関係が強まり、卒業生情報が整備されれば、迅速な各種

証明書発行サービスが可能になり、各種証明書発行事務が軽減される。日本の雇用市場では、終身雇用制は次第に減少し、転職が珍しいことではなくなってきた。また大学院進学、海外留学、社会人大学院進学などの場合にも、卒業生から卒業及び成績証明書の発行が求められる。その場合卒業生に関する情報を一括して整備しておけば、大学院進学、就職先変更時の各種証明書等発行の容易化を図ることが可能である。これは証明書が迅速に発行されるので学生にとっても、また事務量の軽減ができるので、大学にとっても恩恵がある。また海外留学も今後はさらに増加することが予想されるので、推薦状を含め各種証明書を外国語でも用意することが必要である。

　第3に効率的な卒業生情報の取得である。それらの情報には、個人及び法人からの寄付情報、学部学生、大学院学生進学ニーズの情報(特に社会人学生院生)、就職進学支援情報、常勤、非常勤教職員募集の情報、講演会セミナー講師情報等がある。卒業生を人材バンクとして、それを有効活用することが可能となる。

5. 経費等の問題

　卒業生管理は、母校の情報提供、卒業後の寄付の依頼、人材バンク・データなどを含むため既存の同窓会との協力が必要となる。大学が何をどこまで行うのかについて、同窓会と合意が必要である。経費についても大学の負担と同窓会の負担とを、明確に区別する必要がある。同窓会組織が伝統的によく整備され巨大化しているアメリカの大学では、大学と同窓会の役割、経費負担を巡り、コンフリクトが生じるケースが報告されている。よって大学と同窓会とで役割分担、経費負担、情報交換等について、明確に規定した契約の締結が望ましくなる。

　卒業生管理は、個人情報管理である。これについて誰が情報にアクセスできるのか、大学と同窓会とで合意が必要である。また今後は情報がウエッブ上に掲載されることになる場合には、そのセキュリティも問題となる。卒業生情報が充実すればするほど、個人情報として価値が高まり、大学同窓会の

許可のない外部からの不法アクセスもありうるので、最大級のセキュリティシステムが、整備されなければならない。

このように学生支援サービスは、在学中の学生向けだけではなく、入学前や卒業後にも行われる。また単に学生課だけの職務ではなく、入試課、教務課、就職課、財務会計課の業務と関係している。よって学生支援サービスは、個別の部課が対処するのではなく、全学的観点から計画、実施する必要がある。

6. 卒業生情報の管理内容

管理する資料は、基礎的情報として卒業年度学部学科別等名簿、学生の在学中成績や課外活動歴等、卒業後連絡先（住所、電話番号、メールアドレス）、就職先、勤務地、大学院等進学先、海外留学先、卒業中退プロセス（編入学、転学部、転学科、他大学へ転出）、家族構成、家族の勤務先等の情報、同窓会（学部別および全学的）活動情報、卒業生の学習ニーズ、その他要望等がある。

これらの情報は、成績や課外活動歴等は大学が管理するものである。しかし卒業後の連絡先などは大学がその都度情報を得て、管理することは経費がかかり困難をともなう。これらの情報はウエッブ上に学生ごとに公開し、学生自身が修正することのできるシステムを作ることが望ましいといえる。

また卒業生管理だけではなく、受験者で非入学者（合格者不合格者とも）の入学募集時にえられた情報を管理することも必要である。それらは編入学学生、大学院学生募集、公開講座募集等に利用できる。

7. キャンパスの生活時間

以下は最近、アメリカの大学財政・財務の専門家であるゼムスキー・ペンシルバニア大学教授から伺った話である。日く学生生活の観点から、アメリカの大学は三つに分類できる。一つはキラキラと輝くメダルのような大学で、メダリオン大学と呼ばれている。そのような大学は、全米から学生が集まり、学生はキャンパス内の寮や、近くのフラタニティやソロリティと呼ばれる学

生ハウスに住む。入学後はクリスマス以外、ほとんど家に帰ることはない。学生は世間から隔絶された異質空間で1日中1年中過ごす。まさに卒業までキャンパス漬けの日々である。これはアングロサクソン系大学伝統の親代わり主義 (in loco parentis) の実践である。

　その対極にあるのは、全米いたるところにあるコミュニティ・カレッジで、学生のほとんどは家から通い、大学の授業が終わればキャンパスを離れる。アルバイトはキャンパス外で行う。学生生活は高校時代と変わるところはない。むしろクラブ活動など高校のほうが盛んであるから、学校で過ごす時間は高校時代のほうが多いかもしれない。

　メダリオン大学とコミュニティ・カレッジの中間に位置するのが、ステート・カレッジすなわち州立大学である。学生の多くは、キャンパス内の寮に住むが、週末や夏休みには家に帰り、高校時代の友達と過ごしたり、家の近くでアルバイトを行う。

　さて同じ大学という名称を持ち、建物スペースというハードウエアも違いはないのに、キャンパスで学生の過ごす時間は三つの大学グループで異なる。当然大学が学生に与える影響についても異なることが予想される。ゼムスキー教授によれば、メダリオン大学の学生に対する影響は、強く学生の一生続くものである。キャンパスで過ごす時間が長ければ、大学が顕在的にも潜在的にも学生に伝達しようとしている価値が、学生に内面化されると考えられる。キャンパスで過ごす時間が長いほど、学生は大学に愛校心をいつまでも持ち、学生に強く大きな影響力を行使できる。さらに学生は、教職員や他の学生との結びつきを強めることが出来る。キャンパスでの生活は、ヒューマンネットワークの基礎である。それは名刺の交換で簡単に築くことが出来ない。

8. キャンパス生活の充実

　大学の機能は多様であり、学生もいろいろな目的を持って進学してくる。よって大学によって学生が、キャンパスで過ごす時間が、異なっても不思議

ではない。しかし学生への影響力を考えると学生に、少しでも長くキャンパス内で過ごしてもらうほうがよいだろう。ゼムスキー教授の話には、日本の大学が考えなければならない示唆を含んでいる。この分野で、学生支援サービスは重要な役割を果たす。

　学生が出来るだけ長くキャンパスで過ごすには、大学側のいろいろな工夫が必要である。たとえば学内施設の充実もその一つである。学生は図書館だけで勉強するとは限らない。日本でもアメリカのキャンパスでも、食堂で勉強する学生を見かける。食堂のスペースは食事をするところであるが、学生の共用空間として考えたほうがよいだろう。

　また学生はよくアルバイトをするが、学生に対して学内アルバイトを提供することも大切である。食堂、キャンパス清掃、図書館の業務補佐、事務補佐、留学生支援、教員補助など、コストは余分にかかるが、少しでも学生にキャンパスで過ごしてもらうには、それも必要であろう。

　さらにクラブ活動、同好会への補助支援、学園祭への大学側の関与も必要である。このような活動に対しては、大学の本来の使命とは関係ないということで、これまでは大学は積極的には支援してこなかった。しかし学生への影響力、学生の満足度の向上などを考えると、日本の大学ももう少し力を入れてもいいはずである。

第12章　アメリカの私立大学経営

　2005年6月萩国際大学が、定員割れによる経営難から民事再生法の適用を申請したことは、新聞紙上で大きく報道された。日本私立学校振興・共済事業団によると、2005年春、定員割れを起こした4年制私立大学は、160校に上るから、今後も民事再生法の適用を申請する大学が出てくる可能性がある。人口密度の低いところに立地、歴史が浅い、小規模、受験生へのインパクトが薄い、資格に関連しないカリキュラム、公的支援のない私立という特性を有した大学が、特に困難な状況にあると思われる。

　アメリカでも、学生数500人から3,000人の小規模大学、私立、リベラル・アーツ中心という特性を備えた大学は、大規模有名大学に学生を取られ、現在全学生の4～10％の学生を収容するに過ぎなくなっている。これらの大学は、経営的に困難な状況にあり、高等教育市場全体の中で最も閉校に追い込まれやすく、「炭鉱の中のカナリア」と呼ぶ学者もいる。しかし中には小規模、資産の少ない大学でも、経営努力が実を結び、学生募集に成功し、大学に活力がみなぎっているところもある。本章の前半ではアメリカの小規模大学の成功物語を取り上げ、後半では大学経営の明暗が分かれた二つのケースを紹介する。

1.　アイデンティティの確立

　アメリカの高等教育ジャーナリスト、ジョージ・ケラーは、近著『大学改革：Transforming A College: The Story of a Little-Known College's Strategic Climb to National Distinction』(Keller, 2004)でエイロン大学という無名大学が、どのよ

うに全米で注目されるようになったかを紹介している。かつて エイロン大学は、基本財産をほとんど持たず、収入の90％を授業料に頼っていた。このあたりの財政状況は、日本のいくつかの私立大学と似たようなところがある。

　1973年の学生数は、僅か1,800名という小さな大学であった。学生の90％は地元出身で、周りには有名なノースカロライナ大学チャペルヒル校や、授業料が5分の1のコミュニティ・カレッジもあり、学生募集も厳しいものがあった。エイロン大学は、「小さな、魅力の乏しい、底辺大学」であったが、この30年間に著しい発展を遂げ、南部の大学ランキングでは(U.S. News & World Report)、1995年の39位にランクされ、2003年には8位にまで上昇しているという。

　エイロン大学の発展のきっかけは、1973年のアイディアマンのヤング学長の選出にある。彼はまずエイロン大学がいかなる大学か、何を目指すのか、他の大学とどこが異なるのか、すなわち大学アイデンティティの確立をすることからはじめた。小さく資金もない大学が生き残るには、他の大学にはない特徴を持ち、異なった学生を入学させなければならないと考えたからである。そして他のエリート私立大学が、人種、宗教、所得階層、文化的背景などにおいて、多様な学生を受け入れ始めたころ、エイロン大学は、高校の成績が平均より少し高いだけでいいから、所得が高い家庭出身の学生をターゲットに定めた。もちろんこの初期のターゲットは、発展するに従い、替えられていく。

2. 学生募集

　ケラーの本からは、エイロン大学の発展の秘密は特に見当たらない。どこの大学でも行っている事を、それぞれ真摯に、集中して行っているだけという印象を持つ。しかし学生募集と学生の教育には特に力を入れているようである。

　ターゲットに定めたお金持ちの家庭からの学生を入学させるのに、校舎、

食堂、寮、キャンパス・ヤードなどのアメニティを改善するとともに、学生募集に力をいれた。それまで州外の大学に進学していた高校生を狙って電話、高校や家庭訪問によってリクルートを行った。同じような規模の大学に比べ、入試・奨学金オフィスにスタッフを多く配置した。現在約1,000人の入学者を実現するのに、28人の専門スタッフが担当しているという。

　学生募集に力を入れているといっても、その実践内容には特に新しい試みはない。入試・奨学金オフィスのスタッフは、高校訪問を精力的にこなし、入学可能性のある高校生に他の大学よりも多くの大学案内資料、学生生活ビデオ等、を送付しているようである。また年2回のオープン・キャンパスには、他の大学よりも、教員が積極的に関与しているそうである。

　入試・奨学金オフィスでは、毎年30以上の地域で、大学説明会を催しているが、興味深い点は、それらに現役学生、卒業生、教員のほかに、現役学生の親が参加していることである。親の観点から、志願者やその親にエイロン大学の魅力を伝えてもらう試みである。学費の支払い方法などは、学生や教員よりも現役学生の親のほうが、より現実的なアドバイスが出来る。このように大学説明会に、エイロン大学の多様な関係者が、数多く参加している点は、日本の大学にも参考になる。

　ターゲットとすべき学生層の変更に伴って、履修課程の改革も実行している。2年制の秘書課程、医療検査技師課程を廃止し、より高い所得階層からの学生向けにビジネス課程を充実させた。加えてコミュニケーション、コンピュータ・サイエンス、余暇スポーツ・マネジメント課程を開始した。そしてビジネス（MBA）と教育（M.Ed）の修士課程を加えた。ここで重要なことは、ターゲットにする学生の変更と、卒業後につく職業のアップグレードを連結させている点と思われる。学生の入学前の状況、カリキュラム、卒業後の進路が、一貫性を持てば、学生もエイロン大学のアイデンティティを理解しやすく、それがさらに学生募集のうえで利点となり、良循環を生み出す。

3. 教育重視大学

　さて入学した学生をどう面倒見るかが、次なる課題である。エイロン大学は、まず教育熱心大学を目指した。これについては、ある程度学生募集が軌道に乗った後、教員の研究実績も重視する方向に軌道修正している。ヤング学長は、まず連邦政府の競争的資金である「高度大学発展プログラム」に申請し、約2億円を獲得したことから教育面の充実を始めた。これは、日本でも行われている文科省の「特色ある教育支援プログラム」に当たる。その資金を基に、補習教育とチューター制を取り扱う「学習資源センター」を設置し、同時にカリキュラム改革を開始した。優秀な学生を専門職大学院に進学させ、より人気のある職につかせるため就職キャリア・オフィスや、学生カウンセリングの活動を充実させた。

　エイロン大学では、学生の教育を充実させるため、学生に講義室だけでなく、実体験を通じて学ばせる方法をとった。それは「五つのエイロンの経験」と名づけられている。第1の経験は、いまや日本のどこの大学でも行われているインターンシップである。しかし日本と異なる点は、4分の3の学生が、一つ以上の経験をしていることである。第2の経験は、奉仕活動であり、4年生の85%が、ホームレスの人々への給食、貧困者住宅建設プログラムへの参加、移民に対する語学教育などを経験している。三つ目は、異文化経験で、4年生の62%が、1ヶ月から1年間の海外生活を通じて、実際に異文化に接している。4番目の経験は、リーダーシップの経験である。学生は1年生の時から毎年リーダーシップについて学び、4年生には半分以上の学生が、学内の組織、学内イベントなどでリーダーシップの経験をつむ。五つ目の経験は、研究活動である。学生は教員と研究活動を行い、毎年300人以上が自ら行った研究のプレゼンテーションを行う。そのうち約20名が全国学会での発表を経験するまでになる。

　これらのそれぞれは、日本の大学でもすでに行われている取り組みである。しかし取り組みの種類の多さと、関与する学生数の多さに特徴が見出せる。

　学生中心大学、教育重視大学と自ら位置づけるエイロン大学は、教員の採

用とFDに特別な配慮をしている。教員採用のプロセスは長く、慎重に行われる。教員採用は研究業績だけで行われるわけではない。採用候補者は、実際にエイロン大学で学生に講義授業を行い、ゼミ形式では学生や将来の同僚となる教員との対話を行い、自らの学問的関心について教授会でプレゼンテーションを行う。このように教員採用について、コストと時間をかけている。

　採用後のFDも充実している。新規採用された教員は、1週間の集中オリエンテーションに参加し、その後も1ヶ月に及ぶオリエンテーション・ゼミに出席する。各新任教員には、先輩の教員がメンターとして配置され、メンターからエイロン大学での生活や教授術について学ぶ。新任教員は学部長、上級管理者ともランチミーティングの機会が設けられており、大学管理経営者と教員との密接なコミュニケーションがとられている。新任教員には教授術について学ぶ各種の教員研修会に出席する旅費も用意されている。

4. 財政と財務

　このような努力によって、1992年エイロン大学は、学生数3,227人、年間運営予算32.5億円、基本財産14億円にまでなっている。卒業生は初等中等学校教員、中堅ビジネス・パーソンがほとんどであり、巨額の寄付を期待できる卒業生はほとんどいない。

　アメリカの私立大学は、徴収した授業料を奨学金という形で、一部の学生に返還している。それは学生募集の一つの武器となっている。その割合は、大学の戦略によって違うが、25％から35％、場合によっては45％にもなる。つまり授業料収入は、実質的には75％から55％の価値しかないことになる。当初エイロン大学は、学生のターゲットを裕福層に絞り、3分の2の学生は、年収750万円以上の家庭出身者で構成されている。エイロン大学では、奨学金を授業料の12％に絞った。同時に1996年から毎年100名の学生数の増加を実現している。これによって、毎年1億円の収入増があり、これは20億から25億円の基本財産運用収入に匹敵するという。

エンロン大学では奨学金提供額を少なくし、授業料も低く設定する戦略をとった。エイロン大学の授業料、寮費、食費を含めた学費は、年間2万400ドル、約200万円になる。これは東部の有名私立大学に比べると35％ほど安い額という。

さてターゲットである裕福な家庭出身の学生を入学させるのに、エイロン大学では、まずキャンパスのリノベーションから始めた。そのため莫大な借金をし、2003年には、54億円の負債を抱えるまでになった。これは同年の運営予算90億円に比べると危険なレベルであり、負債・運営予算比率60％を超えている。結果的にはこの積極策が成功したが、学生募集と同時に寄付キャンペーンも見逃せない。1996年から2001年に48億円を卒業生、理事、保護者などから集めた。裕福な市民を理事に任命し、彼らからの寄付も大きな貢献をしている。1980年に基本財産は僅か3億円であったが、ITバブルもあって、2002年に55.6億円に増加している。

また学長をはじめ教員の給与を出来るだけ低く抑えた。また他の同タイプの大学に比べ、エイロン大学の職員教員比率、職員学生比率とも低く、職員数を少なく抑えている。

5. 成長の六つの理由

エイロン大学の成功物語を記したケラーは、貧乏な田舎の小さな大学が成長できたのに、六つの理由をあげている。第1に、何についても高品質を目指す姿勢である。それは大学の中心的役割である教育に限らない。それほど重要とは思われないところにまで、質が追求されている。教員や職員の電話の対応、学内食堂の快適さ、料理の味、トイレの清潔さにまで及んでいる。教職員全員にすべての面での高品質追求の姿勢を持たせるよう努力している。第2に、目標・計画管理を挙げている。目標を設定し、達成するための計画を立て、実行しそしてそれを評価する。まさに日本の国立大学が法人化後に行うことになった plan-do-see サイクルである。目標設定は、大学のアイデンティティ確立から始まる。

第3には、学内人材の慎重な選択と、その後の訓練と十分な報酬を挙げている。学生のリクルートと選抜、教員や職員の採用、そしてその後のケアに対する重視である。報酬については、金銭的なものとは限らず、清潔で快適な職場環境なども含まれる。第4には、他の大学との差別化である。競争力のない大学が生き残るには、特徴を明確にし、それを武器にするしかないというのが大学経営者の哲学である。第5は、財務財政管理である。授業料レベルの設定、奨学金の提供額、財産管理、購買、資金調達などに工夫をこらすことである。第6に、マーケティングの技術である。自分の大学が、地域、使命、規模などに関して、どこに位置するのか、競争相手はどこにいるのか、いかなる学生が入学する可能性があるのか、需要があって供給されていないニッチはどこか、等を綿密に調査分析することで、自らのポジションを明確にし、ターゲットを絞りこむことである。

さてこれら六つの理由については、先に指摘したように特に新しいことはない。しかしすべての取り組みが、統一的に有機的に結合し、エイロン大学の発展に貢献するよう工夫されていることが特徴かと思われる。

6. もう一つの成功例：学長はスーパースター

アメリカの私立大学の歴史は、ハーバード・カレッジに始まり、国家のそれよりも長い。その長い歴史の中で、生き延び発展してきた大学もあれば、伝統のある大学でも経営難で消滅してしまった大学もある。現代でも大学の興隆荒廃が連綿と続いている。ここではアメリカの高等教育の専門新聞 The Chronicle of Higher Education の最近の紙面から、伝統校のうちでめざましく発展した私立大学と、他方経営難によって閉校を余儀無くされる私立大学の二つのケースを紹介しよう。

最初のケースは、2007年6月15日付けクロニクル紙に紹介されたニューヨーク州のレンセラー・ポリテクニク大学 (Rensselaer Polytechnic Institute) である。レンセラー大学は、設立後183年の歴史を持つ、アメリカで最古の工科大学である。500億円の基本財産はあるものの、近年は恒常的な経営難と入

学者の減少に悩まされてきた。危機感を持った理事会は、再建のためリーダーシップのとれる学長選びから始めた。

そこで学長としては異色の経験を持つシルレイ・ジャクソン女史を1999年に選出した。女史は黒人女性として初めて、マサチューセッツ工科大学から物理学でPh.D.を修得している。その後ベル研究所など企業で研究に従事し、クリントン政権下では、原子力安全委員会の長に任命されている。ジャクソン女史の学長職への指名は、これまで主に学界から学長を選んできたレンセラーの理事会にとって、異例のことであった。

ジャクソン学長が最初に行ったことは、「レンセラー計画」といわれるレンセラー大学の戦略計画を、事務局幹部とともに練り上げることであった。その計画は理事会で、2000年に承認された。それは工科大学の伝統に基づき、大学のアイデンティティをITと生物工学に特化させることを中心としていた。そしてその分野のスーパースター教員を雇用することも含まれた。また大学の所有する基本財産、研究費、博士授与数をそれぞれ2倍にすることも目標に掲げた。

ジャクソン学長が中心となって作成した戦略計画は、細部まで及んでいる。たとえば自大学の略称をRPIでなくてRensselaerとすることも決定された。RPIでは全米に存在を知らしめるには不利と考えたからである。経費節減も徹底し、昇進や終身雇用資格も厳しくした。180名の教員を新たに採用し、そのうち80名は新規のポジションであった。現在6,273名の学部学生に対して471名の教員が採用されている。

レンセラー計画はジャクソン学長就任7年間で、すでに達成されたものもある。たとえば、研究費総額は37億円から80億円と2倍となった。博士号授与数も1999年の91から163と、これも倍増している。基本財産も805億円と増加した。これには全米の史上最大の単一大学への匿名の寄付360億円が含まれている。

ジャクソン学長の時代に、志願者も5年前に比べ倍増し、10,000人が2,000人以下の僅かな入学枠をめざして、入学許可を申請するまでになった。SATの得点も1999年以来39点上昇したという。

戦略計画を作成し、それに沿ってあらゆる努力を行い、目標達成を最優先するジャクソン学長のやり方は、全米でも大学経営成功例として見なされている。しかし学内にはその強引さと、改革のスピードの速さに反発もある。2006年4月には教員によって、ジャクソン学長の信任投票も行われた。この信任投票は全員行うわけでなく、また不信任が多いからといって解任されることはない。しかし投票が行われること自体は異例なことであるという。この背景には、一方で教職員の昇進や給与を抑制しながら、ジャクソン学長の年俸が1億円と高額なこともあるだろう。この投票が行われた後、ジャクソン学長は教員とより多くのコミュニケーションをとり、大学改革にお互いの理解を深めるとしている。さらにジャクソン学長は、1ヶ月に1度学生会館を訪れ、学生と昼食をともにして学生の話を聞くことにしているという。

　レンセラー大学はIBM、ニューヨーク州政府などと共同で計算センターを建設した。また芸術センターなど施設の新設改修が、今後も目白押しである。それもあって2006年の経常収支は8.4億円ほどの赤字であり、それがあと2・3年続くという。しかし長期的な戦略上および財政上の利益を得るため、あえて短期的なリスクをとるという方針である。

　レンセラー大学では2004年から1,000億円の寄付キャンペーンを開始した。すでに目標を上回り1,200億円に達している。その中には先ほどの匿名の360億円の寄付や、514億円相当のCAD（コンピュータ補助デザイン）ソフトウエアもある。ジャクソン学長は、FedEx、IBMなど企業の取締役にも名を連ねており、この人脈が寄付集めに大きな影響を及ぼしていることには問違いない。

7．失敗例：アイデンティティの拡散

　さて次は2007年6月22日付けクロニクル紙に掲載されたオハイオ州の名門大学アンティオーク・カレッジ（Antioch College）閉校のニュースである。このカレッジは、155年の歴史を誇り、小さいながらもリベラル・アーツ・カレッジとして全米に知られている。社会学者バートン・クラークがその著書『特

殊なカレッジ (The Distinctive College)』でリード・カレッジ (Reed College)、スワスモア・カレッジ (Swarthmore College) とともに名門大学のケーススタディとして、とりあげたこともある。初代学長は、教育者で著名なホレース・マンである。

　アンティオーク・カレッジは、最盛期には2,000人を超える学生が在籍していた。しかし1990年代半ばから入学者が減少し始めた。2007年新学期には125名の入学者しか集まらず、ついに理事会は閉校を決めた。アンティオーク・カレッジでは閉校に伴い46名の教員と113名の職員は解雇される。在学学生は他大学へ転学に際し、大学の支援を受け、特別に配慮される。

　基本財産は36億円ほどで、減少する学生数と高価な施設維持費により、ここ数年は毎年5億円ほどの経常赤字に悩まされてきた。アンティオーク・カレッジでは、本体のリベラル・アーツ・カレッジのほかに、ロサンゼルスやシアトルのような都会で、成人学生を対象とした生涯教育事業を展開してきたが、そこでの利益を本体に補填することも不可能となった。学生数の減少から、教職員を削減し教育サービスの水準低下を招いた。さらに建物維持経費を削減し、施設の老朽化がカレッジの魅力を失わせるという典型的な経営上の悪循環に陥った。アンティオークに入学を許可されながら、他大学を選択した学生の調査によれば、他大学を選んだ理由の多くが、アンティオークの建物施設の老朽化を挙げているという。

　本業のリベラル・アーツ教育とは別に、手っ取り早く利益を得られる生涯教育事業を展開したことが、アンティオークの性格を曖昧にしたと報じられている。アンティオークというブランドを利用し他事業に進出したことが、ブランドの価値を減少させたとも考えられる。アンティオーク・カレッジは、長い歴史の中で過去3度閉校し、その後再オープンしているという。今回も2012年をめどに再開予定であるが、果たしてその通りに行くか先は難しいようである。

　アンティオークが展開する生涯教育事業は利益があり、それで建物の維持管理を行い、カレッジ再建の予定であるという。負債によってキャンパスの保有が、不可能な状況になる前に閉校するのは、大学競争の修羅場をくぐり

ぬけてきたアンティオークの知恵なのかもしれない。

8. おわりに

　ここでは、再生に成功したケースと閉校に至ったケースを紹介した。成功と失敗を分ける原因については、それぞれであり、もちろん単純には一般化できない。しかしアメリカのほかの大学を含めた成功したケース・スタディやレポートを検討すると、共通項が見出せる。それらは、経営手腕のある学長の選出、戦略計画の策定、大学アイデンティティの確立、学生募集の強化、寄付募集事業の積極展開、キャンパス・イノベーションの推進などである。

第13章　アメリカの大学における基本財産管理

　アメリカの高等教育の専門誌 The Chronicle of Higher Education と慈善事業の専門誌 The Chronicle of Philanthropy の両誌は、非営利団体の基本財産 endowments について2005会計年度調査を行い、その結果を The Chronicle of Higher Education 誌2006年6月1・2号に発表している。本章は主にその調査結果についての「基本財産」特集記事および同誌2005年8月4・5号同特集記事に基づいて、アメリカ高等教育の基本財産とその管理について紹介する。

1. 基本財産の実態

　調査対象団体は247であり、その団体の基本財産総額は3,490億ドル（約40兆円）となる。これは香港とタイの GDP 合計値を超えてしまう。ちなみに日本の私立大学の運用可能資産は、約8.5兆円であるという。調査対象団体はこれらの基本財産をさまざまな投資活動に用いている。資産運用の平均収益率は、9.6％であった。調査対象で最も収益率の高かったのは、イエール大学の22.3％である。収益率のマイナスの団体もあるが、それらの団体は今後も資産運用プログラムを止めるつもりはないという。

　基本財産総額が大きい団体は、より高い収益率を得ている。これにはいろいろな理由が考えられる。一つは運用予算が大きいため、投資先を多様化できることである。反対に運用予算が小さいと、収益の確実なものにしか投資できないため、ハイリターンを得ることが少ない。また運用予算が大きいと投資専門会社と大きな契約ができ、それが高い収益を生むと考えられる。

　これまでもアメリカの大学は、資産運用を積極的に行ってきた。現金預金、

土地、債券等がその対象であった。しかし最近の傾向は、投資先が多様化した点が特徴である。ヘッジファンドは出始めたとき、その内容が、不透明で不安が持たれたが、今では大学平均で、基本財産の18.1%が投資されている。未公開株式には5.6%、ベンチャーキャピタルに2.9%、4.4%は木材石油ガス等取引である。

　他の慈善団体に比べ、大学の投資効率は高いと指摘されている。その理由として、大学は投資を専門にする卒業生からの投資情報を得やすいという利点があげられる。それには世間がまだ注目していないヘッジファンド、未公開株式、ベンチャーキャピタルなどの情報も含まれる。そして大学はそれらの卒業生情報によって、新しい投資方法の「初期の利用者」となることができる。初期の利用者は、もちろんリスクは高いが、成功したときのリターンも大きいといえる。

　イエール大学の基本財産総額は約1.6兆円である。約2,000億円を運用予算とし、20名の投資専門スタッフを雇用している。投資の内訳は、現金預金1.9%、公開株式27.8%、未公開株式10.8%、ヘッジファンド25.7%、ベンチャーキャピタル4%、債券4.9%、不動産13.5%、その他11.5%である。非営利団体は、法律によって資産内容の公開を義務付けられていないが、大学は特に透明性に気を使い、投資状況を含め資産情報を公開する方向に進んでいると思われる。

2. 投資歴の浅い大学

　アメリカの大学すべてが、イエール大学のように、大きな基本財産を有し、その運用歴が長いわけではない。ニューヨーク州立大学は、かつて法律で寄付募集を禁じられていた。州立大学は州税で運営されており、さらに州民に寄付を募ることは、州民に2重の負担を課すことになるという理由である。しかし1990年代の半ば、州法改正を機にそれが解禁になった。州立大学でも遅ればせながら、寄付募集を始め、基本財産を増加し始めた。パタキ州知事は、2012年までにニューヨーク州システム全体で3,000億円以上の寄付目

標を掲げている。

　ニューヨーク州立大学システムのカートランド・カレッジは、学生数7,500名、卒業生数54,000名の大学である。学長以下卒業生を中心に寄付募集をはじめ、現在8億円以上の基本財産になった。投資専門会社と契約し、運用をおこない2003年の収益率は12.4％、2004年は16.3％と高率である。投資先は基本財産の小さい大学の例に漏れず、公開株式と公的債券など慎重である。基本財産から得られる収益は、学生の奨学金に利用され、同大では現在75％の学生が何らかの奨学金を受給している。

3. 小規模大学の生き残り

　アメリカでは、人口の少ない地方にある小規模リベラルアーツ大学が経営困難といわれる。ペンシルバニア州のデキンソン・カレッジは、10年前までは基本財産1.5億ドル（約160億円）の6％を毎年経常費につぎ込まなければ、経営が成り立ち得なかったリベラルアーツ大学である。しかし同校の学生人気がこのところ高まり、全学生数は2,260名、昨年から350名増加している。

　アメリカの大学は、優秀学生を入学させるため、授業料収入からそれらの学生に奨学金として一定額を回す。同校ではその率は52％であったが、このところ34％にまで回復している。そして基本財産は2.83億ドル（約300億円）に増加した。デキンソン・カレッジの経営改善の原因の一つは、投資業績の向上である。運用収益率は、今年12.3％、その前年には19.3％と好調であった。

　デキンソン・カレッジは、卒業生の当時ジョンズ・ホプキンス大学の管理者を学長に据え、同学長はさらに学生募集の専門家と資産運用の専門家とを外部から採用した。彼らは卒業生からの寄付にも力をいれ、それまでは卒業生の38％しか寄付を行わなかったが、現在その水準は42％まで上昇している。2010年までには46％にする計画である。そのためのスタッフを24名から37名に増やしている。同大は投資収益をさらに上げるため、投資先の多様化を行い、卒業生を介して投資情報を集めている。

4. 小規模大学の資産運用

　アメリカの有名大学では、基本財産からの運用収入が、大学経営に少なからず貢献していることは、よく知られている。それに比べると小規模大学は、資産運用収入が小さいといわれている。その理由として以下が指摘されている。基本財産絶対額が少ないため、分散投資が出来ない。才能ある資産運用専門家を雇用できない。投資先を見極める資金力が不足している。投資会社と契約するだけの余裕資金がない。学内投資委員会の金融知識が不足している。

　しかし高等教育専門新聞クロニクル紙によれば、小さな大学でも、資産運用によって基本財産を大きく増やした大学がある。ケンタッキー州のトランシルバニア大学は、学生数1,100人、年間運営予算26億円の地方の小規模大学である。しかし1人の理事兼投資委員長によって、1970年代に2.7億円であった基本財産を、2005年に126億円にまで増加させている。これらの増加は、寄付ではなく資産運用による利益によってなされた。

　投資先は、90％以上アメリカ国内の株式である。ここ10年の収益率は15.4％と高率である。その結果、年間運営費の30％が、資産運用収入でカバーされている。基本財産の約半分を投資資金としている。

　クロニクル紙によれば、ニューヨーク州のハミルトン・カレッジは、486億円の基本財産運用から18％の収益を上げている。またボストン近郊のホイーロック・カレッジも41億円の基本財産から12％の運用益をあげている(The Chronicle of Higher Education, June 3, 2005)。

5. 基本財産の使い方

　言うまでもなく基本財産は、大きくすることが目的ではなく、大学の使命達成の助けになるものでなければならない。それでは基本財産のどれぐらいを年度予算にまわすのか。クロニクル紙調査によれば、多くの大学は、基本財産の市場価値の5％をめどとしているようである。そして使う場合に二つ

のバランスを考慮する。一つは、現在の経営のサポートである。もう一つは未来の世代に対する備えである。理事会は基本財産の使用に関して「世代間公平性」または短期的か長期的かの選択を強いられる。

世代間公平性を強調する見方をとれば、理事会は、現在の経営にお金を掛けない傾向にあるという批判が生じる。基本財産が前年より増加した場合、使い道は、施設設備の新築更新、学生への奨学金、教職員給与の支払い、寄付募集活動費、という短期的目標達成か、他方資産運用という長期的目的かの選択があるが、理事会は後者を選びやすいという。

各大学の理事会は、基本財産の使用を定めた公式を持っているが、多くの場合その公式には、将来の寄付があることが想定されていない。将来の寄付は、未来の学生も恩恵を受けるが、現在の学生には向かない。よって現在の学生の受ける恩恵が、小さくなる傾向がある。

スタンフォード大学は、1969年以来基本財産の4.75％を使用する目標を立てた。実際は4.31％であった。ここ15年は5％の目標値であるが、過去35年の間5％を越えたのは6回しかない。あるスタンフォード関係者は、これらの傾向は他の裕福な大学でも同様であり、現在の学生を犠牲にして、未来の学生を優遇していると批判する。

しかしスタンフォード大学では、次のような使い方も行った。1990年代初め連邦政府は、研究費の間接経費を75％から55％に落とし、10億円以上を減額したことがあった。同大理事会は基本財産からの支払いを2％上昇させて、連邦政府からの減額の補償を行った。理事会の判断は、それまでの教育研究の質を落としたくないというものであった。理事会の決断は、大学の世界では、質や評判は徐々にしか上昇しないが、下落は突然であるからであるという。

6. 寄付キャンペーン

アメリカでも寄付キャンペーン（寄付募集記念事業）は、伝統的には創立何周年記念といった時期を限定して、建物の新設か改修目的として、3年から

5年続けられる。しかし政府助成、財団基金、企業連携資金等が減少すると、多くの大学は、寄付キャンペーンを継続的に展開するようになった。寄付キャンペーンの目的は、経常費の増加、特別プロジェクト、研究費、奨学金、職員の生涯学習資金、地域連携プログラムと多彩である。

　大学に無関係な寄付者が、ある日突然大学に現れて多額に寄付をすることは、めったにあることではない。むしろ寄付キャンペーンは、周到に準備されたプログラムになりつつある。大きな大学では、2〜3年の計画準備期間を置き、その後4〜5年の活動期間を行う。一つの活動が終了すると2〜3年の休みを取り、また次のキャンペーンに取り掛かる。キャンペーンのノウハウ、寄付者や寄付活動のボランティアの人脈を持ち続けることも大切である。

　寄付キャンペーンを成功させるには、十分な寄付候補者、寄付活動の知識技術をもった理事会や職員、大学の長期目標計画、キャンペーン目標計画、キャンペーン予算、プロジェクトの明確化や共有化、コスト分析を準備しなければならない。財団から寄付を得るには、説得性のある申請書を作成し、審査プレゼンテーションのできる職員も必要である。

　キャンペーン活動を実行する職員は、ダイレクトメールのデザインや発送、計画書の起草、ボランティアの確保と調整、特別企画の催し、などを行う。有望な寄付者に直接会い、寄付キャンペーンの目的を説明し、寄付を取り付けるボランティア人材の確保はとりわけ重要である。職員は同時に有望な寄付者と寄付によって発生する事務を担当する弁護士、会計士、ファイナンシャル・プランナー、銀行員等の人材づくりも大切である。

　寄付事業の専門家によれば、寄付キャンペーンは、大学の最優先順位に活動を集中させることが、最も効果的であるという。つまり寄付目的をまず施設の改修、次に建物の新築、新しい教育課程の開講、次に将来の建物の準備とさみだれ式に続けることは効果的でない。このような方法では、寄付者が大学のどこに貢献したかがはっきりしないので、寄付の動機づけが薄れるからである。寄付キャンペーンは、本来大学の目標計画に基づいて行われるべきであるが、実際には財政的な圧力でなされている場合が多い。

小さな大学では寄付キャンペーンを大々的に行わないで、新しい奨学金プログラム用資金、図書館の充実用資金、などとすることもある。担当キャンペーンを派手な事業にしないと、寄付目標値や寄付受付終了時を明確にしないですむので、担当職員が疲弊しない利点がある。または学内で設定した目標値を、外部には少なめに公表するという手も使われる。目標値を達成できないと得る不利益のためや、それによって悩む理事会や職員のためである。

7. 透明性の確保

アメリカでは、1990年代終わりからの相次ぐビジネス界の金融スキャンダル以後、企業の財務経営の透明性が、ステイクホルダーによって厳しく求められている。これは大学も同じである。大学がどのような投資活動を行っているかは、寄付者、寄付財団、政治家、政府関係者、マスコミ、教職員学生等の関心をひきつけている。その結果、大学の投資実績や資金募集を監視する必要が生じてきた。各州では大学基金管理統一法 (The Uniform Management of Institutional Funds Act) などを参考にしながら、法律作りをはじめている。その統一法には、理事会は投資活動のすべての情報を把握し、監視するものとされる。そこには、投資の目的、リスクとリターン、資産の分散化なども含まれる。寄付者、財団や州政府は、大学がこれらの法律に従っているか、情報を開示しているかに関心を強めている。ボストン・カレッジでは、一人の学生が大学の基本財産運用が差別、環境、社会的公正に反する企業に投資していないかを知るため、投資情報の開示を求めている。

大学は寄付者と定期的な連絡を取り、投資活動状況の透明性を高めていくことが大切となる。それには大学の投資ポリシーと実績を紹介する年次報告書の作成と配布が必要である。その投資管理ポリシーには、以下が含まれる。基金情報提供の目的と基金運用の目的、大学の投資活動の責任者とその役割、予想収益、リスク、期間などの投資の質的量的情報、各種指針 (ポートフォリオ基準、社会的責任の指針、投資の制限、投資の種類)、業績審査と評価基準、投資責任者から理事会への報告計画等である。

8. 投資委員会の役割

　経済や市場の不透明さ、多様化した金融商品、監査の強化、個人的信頼の揺らぎなどによって、大学内の投資委員会の役割が多様化している。通常信託された者の役割は、投資ポリシーに沿った目標と目的の遵守、ポートフォリオの実行、結果の監査など「投資プロセス」に対するものである。しかし場合によっては、投資委員会は、プロセスの管理ではなく、意思決定の役割を果たしている。こうした場合、投資委員会は正確に定義され、透明で、アカウンタビリティのある統治システムの監視に専念することができないと批判される。

　規模の小さい大学の投資委員会は特に問題がある。そのような場合には、投資委員会は意思決定を外部委託することによって、細かな投資実践にかかわることなく、本来の役割である監視とアカウンタビリティに専念できるという。投資委員会の役割は、期待収益の目標、リスクの範囲と管理、期間設定と法令順守の確認、投資先の確認、長期の金融市場の予測、投資実績の評価方法等である。

　多くの大学で理事会と投資委員会は、投資マネジャーのために投資配分の指針を作成し、ポートフォリオ実績を体系的に評価する。そして投資マネジャーの役割は、収益予測、投資の諸指標を開発、業務のモニター、投資委員会への実績報告等である。

9. 日本の大学の寄付金

　第12章で示したように、エイロン大学では、1996年から2001年に50億円弱の寄付を得た。日本の大学でも寄付金集めに力を入れ始めている。例えば、学生数（院生も含む）12,000名規模の上智大学では、2004年から約10年間に50億円を目標に募金活動を行っている。寄付金集めには不利といわれる女子大学でも、努力を始めている。学生数5,200名の椙山女学園大学は、法人が学園創設100周年記念事業に向けて3億円の募金目標を掲げている。また

寄付集めには、縁の薄かった国立大学も、同窓会の再組織化などを契機に募金活動を始めている。名古屋大学では、募金目標額を定めていないものの、同窓会パンフを頻繁に発行し、募金を進めている。名古屋大学では、募金方法などに工夫を凝らし、手軽に募金が出来るようにしている。

このように日本の大学も寄付金募集に力を入れ始めているが、寄付金の使途には日米で大きな違いがあるようである。エイロン大学では、募金はとりあえず使途のない基本財産としてストックに回される。日本の大学の創設記念募金活動は、ほとんどの場合が校舎新築などのキャンパス整備事業に使用される。大部分を、例えば奨学金用の第三号基本金として留保することはまれであろう。

10. まとめ

アメリカの大学の基本財産は、着実に蓄積されている。これには、宗教的寄付の精神、各種税法などが考えられるが、大学側の積極的な姿勢も見逃せない。寄付活動が益々活発になり、財産が拡大すると、その活動を監視し、財産を管理する者の役割と責任が明確化されなければならない。かくして、ここは良いか悪いかを判断する場所ではないが、アメリカの大学は、益々企業に近い経営組織体となっていく。

第13章 附論　日本の私学の資産管理

1. アメリカの大学の資産

　さすがのアメリカ経済もこのところ低迷気味であるが、それは90年代半ばから、つい先頃までIT関連企業の興隆に支えられ、世界経済の中で一人勝ちの観を呈していた。アメリカの経済はこの時期、企業、政府、家計とともに好況の恩恵に大いに与ることになった。それは大学の資産増加の点でも顕著である。

　経済が好況だからといって、大学の資産が自動的に増えるわけではない。自助努力も見逃せない。アメリカの大学が、資産を蓄積増加させる方法はいろいろ挙げられるが、特に二つが重要である。一つの方法は、個人、卒業生、企業、財団からの寄付を募ることである。高等教育専門誌クロニクル紙によれば、近年10億ドル（1200億円）以上の寄付キャンペーンに成功したのは全米で13大学に及ぶという。

　もう一つは、自己資産を運用することである。各大学は、投資専門スタッフを職員に加え、投資コンサルタントと契約し、多様な方法で資産運用に努める。中には、ウィリアムカレッジのように1999年度単年度で、29％以上の運用率を挙げた大学もある。もちろんリスクを被る大学もある。ジョージア州にある数大学は、投資先である地元の世界的清涼飲料メーカーの不振から、基本財産の20％ほどを失ってしまった。しかし興味深いことは、多額の損失を出した大学のいずれもが、現行の資産運用方法を変更するつもりはないということである。

2. 日本の大学の資産

　翻って日本の大学では、寄付集め、資産運用ともごく少数の大学を除いて、それほど活発におこなっているわけではない。いろいろな理由が考えられる。非営利組織である大学が、積極的に株の売買を行うべきではないという道徳的不文律があるのであろうか。元本割れの恐怖が強いのであろうか。非営利法人が運用に失敗して損失を出した場合、世間の強い非難が出る土壌が災いするのか。運用するのに充分な資産を持たないのか。または単に運用の方法を知らないのか。ともかくこれまでアメリカの大学のように多様な方法で、資産運用を試みてきた大学は、それほど多くはない。

　文部省「私立学校の財務状況に関する調査報告書」の各年度版を用いて、私学全体の資産と運用収入の毎年の動きをみることができる（筆者はこの報告書を用いて私大財政の分析を行ってきたが、これは近年出版が中止されている。貴重なデータであり、利用する研究者や大学関係者も多い。復刊されることが望まれる）。掲載されている資産額から負債額を除いた値は、1989年の約8兆円から1997年の14兆円に順調に増加している。ただし資産額の中には土地建物の購入時の価額が含まれており、現在の資産を表した額ではない。当然時価会計が導入されると変化する可能性がある。バブル期に取得した法人の中には、第一号基本金の中に含み損が発生する法人もあるであろうが、残念ながら筆者には私大全体の資産額が、時価会計によって増加するか減少するか予測はつかない。

　資産運用収入のほうは、1989年から91年までは増加し、私大全体で2,200億円に達していた。しかしその後減少を続け、1996年には790億円にまでなっている。これらの資産（負債を除く）と運用収入から大学法人のラフな運用率を推測することができる。私大全体で1996年に0.589％になる。このところの低金利、株安、土地神話の崩壊の影響を受けていると思われるが、アメリカの大学と比べると（約11％）、寂しいかぎりである。とはいえ大学法人の中には、このご時世において3.3％の運用率を得ているところもある。

　あくまでも仮の話であるが、1996年当時の私大全体の資産13.5兆円を3.3％

で運用すれば4,457億円の運用益が見込まれる。これは実際の運用収入の5.6倍、私大の経常費助成の1.5倍に当たる。これらの概算結果を考えると、やり方次第で私大の資産運用の収入増加は、見込めそうである。

3. 第三号基本金の重要性

　大学教育重要が供給を大きく上回らない時代には、法人の保有する資産は経営により重要な影響を及ぼすと思われる。資金に余裕がある私大は、教員1人当り学生数を減少させたり、教育施設設備を整備して、教育条件を改善することが出来る。そのような大学は授業料値上げを控えたりして、優秀な学生を入学させることができよう。これらは結果的に大学の社会的威信を高め、さらにその大学の卒業生の就職市場での価値を高めることになる。そして卒業生を通じて将来の寄付や、その他外部資金を増やす可能性を広げ、それが再び資産を増加させることになる、という良循環をもたらす。

　このような良循環にどう乗せるかが大学経営である。18歳人口の減少時には、各大学はとりわけ学生募集を積極的に進めることが、喫緊の課題となる。その際、大学の用意する奨学金が重要な役割を果たすことになる。これまで経済的に恵まれない層の大学進学機会を確保するのは、政府の仕事であるとの認識のためか、各私大はそれほど奨学金の充実に力を入れてこなかった。実際奨学金といえば、日本育英会のもの以外は知られていない。しかし各大学は今後独自奨学金を用意し、それを学生募集の武器にしなければならない。それには第三号基本金が、いかに充実しているかがカギとなる。

　但し奨学金が学生募集に効果を持ち得るには、奨学金受給確率が、多くの学生が自分も受給可能性があると思う程度高いこと、また受給額が短期間のアルバイトでは得られないぐらい大きいことが条件となる。一学年定員千人の中規模大学を想定してみよう。以上の条件を考慮すると、入学者の一割すなわち100人に年間授業料相当の奨学金を提供するぐらいのオーダーになろうか。それには約一億円かかる。もしこれを資産から得られる果実で充てようとすると、第三号基本金は一学年で100億円いることになる。

というわけで巨額な必要資金が計算されることになる。日本の私学の基本は、すでに取得した校地校舎の購入価格である第一号基本金でほとんど占められる。今後経営に重要性を持つであろう奨学金用第三号基本金を用意しているところは少ない。しかし学校法人によっては、早い時期から資産形成に努め、第三号基本金を上記の試算以上に準備し、奨学金や授業料免除を通じて、学生に還元している法人もある。決して夢物語ではない。

　世の中、情報開示の時代である。今後私立大学法人においても、財務状況の公開が原則になる。学生や保護者によっては、これまでベールに包まれていた大学経営の実態が明らかにされる。コストパフォーマンスの低い大学、非効率経営大学、今後の経営が困難な大学の内実が明らかにされる。これまで資産蓄積に努力してこないで、資産の潤沢でない法人は、学生募集の点でも不利な競争を強いられる。

第14章　アメリカにおける家計の大学教育資金の調達

1. 大学教育費用

　最新データに拠れば、アメリカの大学教育費は**表14-1**のとおりである。4年制の州立大学の1年間の授業料は、$5,491で、これは日本の国立大学よりやや高い水準である。州外学生であると、$13,164と2倍以上となる。4年制の私立大学の場合は、$21,235と日本の私立大学の2倍以上であろう。この授業料のほかに、教科書、生活費、交通費、その他を加えると、最低水準で寮に住み州立大学を選択すると、$15,566必要であり、キャンパス外のアパートに住み私立大学に通うと、$32,070掛かる。これは1年間の必要額であり、4年制の場合は、単純にこの4倍、大学院や専門職大学院に進学すれば、さらに必要となる。

表14-1　大学教育費用の平均額

	4年制州立大学			4年制私立大学	
	寮生活	学外生活	州外学生	寮生活	学外生活
授業料	$5,491	$5,491	$13,164	$21,235	$21,235
教科書	894	894	894	904	904
住居食費	6,636	6,476	6,636	7,791	7,249
帰省費用	852	1,168	852	691	1,060
その他	1,693	1,962	1,693	1,295	1,622
合計	$15,566	$15,991	$23,239	$31,916	$32,070

出所：The Chronicle of Higher Education, Almanac Issue 2006-7, August 25, 2006.

2. 連邦政府の援助プログラム

アメリカの連邦政府は、$840億ドルを890万人の学生の学費援助している。表14-2に示したようにその種類はさまざまであり、以下では簡単に整理しておく。これらの援助は、連邦政府に関連するものであり、援助には他に州政府、大学、民間団体、個人のものがある。

ペル奨学金(Federal Pell Grant)：500万人が利用する最大のプログラムである。当初は低所得者用であった。受給資格は教育費総額と後に説明する家計支出可能額（EFC）との差で決定される。最高額は$4,050である。

補助奨学金(Federal Supplemental Educational Opportunity Grant: FSEOG)：その名のとおりペル奨学金の補助である。大学に基金が与えられ、大学の判断で受給が決定される。最高額$4,000である。

仕事学習プログラム(Federal Work-Study)：連邦政府と大学が資金を提供し、学生にアルバイトを学内外で行わせる。週10から15時間が目安とされる。

パーキンズ・ローン(Federal Perkins Loan)：連邦政府から資金を渡された大

表14-2　連邦政府資金援助

プログラム名	利用上限	
ペル奨学金	$4,050	（学部生のみ）
補助奨学金	$4,000	（学部生のみ）
連邦パーキンズ・ローン	$4,000	（学部生）
	$6,000	（大学院生）
スタフォード・ダイレクト・ローン（助成あり）	$2,525	（1年生）
	$3,500	（2年生）
	$5,500	（3・4年生）
	$8,500	（大学院生）
スタフォード・ダイレクト・ローン（助成なし）	$2,525	（1年生）
	$3,500	（2年生）
	$5,500	（3・4年生）
	$6,625	（親から独立した1年生）
	$7,500	（親から独立した2年生）
	$10,500	（親から独立した3・4年生）
	$18,500	（大学院生）
親用ローン		大学教育費総額まで

学が貸し手となる。$4,000まで借りることができ、卒業後10年で返済する。在学中は利子はつかず、低所得地域の教職、看護職、医療技術職などには返還免除制も設けられている。失業中は返還を遅らすことができる。

スタフォード・ダイレクト・ローン (Stafford and Direct Loans)：スタフォード・ローンは、銀行など民間の金融機関から借りる。ダイレクトは、その名のとおり連邦政府から直接借りる。家計支出可能額に基づいた適格審査がある。スタフォードの場合、適格と認められたら、在学中の利子は政府が支払う。また所得制限のないスタフォード・ローンもある。在学中のローンの上限額は、$23,000である。ダイレクト・ローン・プログラムに加盟している大学であれば、貸し手は大学になり、手続きは大学が行う。

親用ローン (PLUS)：適格審査はない。入金後60日から返済が始まる。

税額控除 (Tuition Tax Credits)：支払った授業料によって減税される。ミドル・クラス用であり、減税額は支払った授業料$1,000の100％、それ以上$1,000は50％、上限で$1,500となる。1・2年用はHope Scholarshipと呼び、それ以上はLife Learning Tax Creditという。後者は、$5,000の20％である$1,000の減税である。これらの減税は、家計の何人でも対象となる。

3. 大学選び

アメリカの授業料を含めた大学教育費は、表14-1のとおりであるが、これはあくまで定価 (sticker-price) であって、実際にかかる費用ではない。表14-2に示した連邦政府以外にも州政府、大学の提供する給付奨学金やローンが利用できるので、費用は割り引かれる。しかし奨学金の提供額やローンの利用については、大学ごとに異なるので、受験生にとって大学選びは慎重にならざるを得ない。授業料は平均では、私立大学のほうが州立大学より高いが、私立大学のほうが奨学金の提供額は多いので、場合によっては私立大学を選択したほうが安価になる。また州外の州立大学に進学すると、私立大学と変わらない授業料が課せられることもある。

このような選択に際して役立つのは、大学ガイドブックである。ガイドブッ

クは各種あるが、ここでは最も有名な Peterson's College Money Handbook を紹介しよう。このガイドブックでは大学を選ぶ際して、まず大学ごとの費用の一覧表 (College Costs At a Glance) を見ることから始めるように指示がしてある。全米の大学を網羅したその一覧表には、以下の8項目がまとめてある。

① 設置母体：これは州立か私立の区別がなされ、営利大学は私立に分類されている。
② 年間授業料：$1,500 から $30,000 を超える大学が並べられている。
③ 寮食費：$5,000 から $10,000 であるが、条件によって異なり、これらは最低額である。
④ ニードベース給付奨学金資格者のうちの受給率：多くの大学で100％となっている。
⑤ 必要額が満たされた1年生の率：各大学で数値はさまざまである。高授業料大学には100％のところもある。
⑥ 1年生の平均援助パッケージの額：$1,000 から $26,000 を超える場合もある。
⑦ 援助を除いた平均学費：年間授業料の半分ぐらいになるケースが多い。
⑧ 前年度卒業生の平均負債額：多くの学生が $15,000 から $25,000 にある。

この一覧表を参考にして自分にあった大学の目星をつける。ガイドブックはその次のステップとして、より詳しい各大学の学生援助情報 (Profiles of College Financial Aid Programs) を掲載し、それを検討するように薦める。ここでは、Washington DC にある私立の名門 Georgetown University を例にとって説明しよう。まず

① 大学概要：授与学位の種類、学生数などが記載されている。
② 学部費用：授業料 ($27,864)、登録費 ($345)、寮食費 ($10,033)
③ 1年生学生援助：援助の必要な1年生の100％が援助を受けている。援助パッケージの平均額は、$22,976 である。
④ 学部学生援助：学部学生全体の援助情報である。
⑤ ニードベースの給付奨学金：連邦政府から10％、大学から84％、その他6％である。1年生の39％に当る592人、学部全体では、35％の2,142

人が受給している。1年生平均額は$18,140である。
⑥ ニードベースでない給付奨学金：連邦政府から55％、大学から3％、その他42％である。
⑦ ローン：57％がニードベース、43％がニードベースでないローンである。ローンの平均負債額$21,500。ニードベースローン平均額$2,175。
⑧ 仕事と学習プログラム：2,012の仕事、平均額$3,200。
⑨ 学生援助申請：必要書類、申請締め切り日、発表日
⑩ 大学担当者連絡先：e-mailアドレス――

以上のような情報が大学ごとに記されている。

4. 学費の計算

　ガイドブックは大学費用の計算方法を詳細に説明している。そのため**表14-3**のように大学費用計算書を用意している。この例では4校の進学希望大学があり、それぞれ授業料、住居食費、帰省費を書き込むようにしてある。1番右は自宅通学の場合であり、その場合住居食費は、$2,000としている。教科書代、雑費がそれぞれ$800、$1,300であり、年2回の自宅への帰省旅費も計算するようになっている。自宅通学の場合は、$900としている。

　次はニードベースの援助を受けることが可能かの計算である。連邦政府公式 (Federal Methodology: FM) による家計支出可能額 (Expected Family Contribution: EFC) の推計が必要となる。ガイドブックはそのために、おおよその推計値

表14-3　大学費用計算書

	大学1	大学2	大学3	自宅通学大学
授業料	$ ＿＿	$ ＿＿	$ ＿＿	$ ＿＿
住居食費	$ ＿＿	$ ＿＿	$ ＿＿	$2,000
教科書	$ 800	$ 800	$ 800	$ 750
雑費	$1,300	$1,300	$1,300	$1,300
帰省費	$ ＿＿	$ ＿＿	$ ＿＿	$ 900
合　計	$ ＿＿	$ ＿＿	$ ＿＿	$ ＿＿

表14-4 家計支出可能額の概算の一部

		税引き前所得				
		$20,000	$40,000	$60,000	$80,000	$100,000
貯蓄	$20,000					
家計人数	3	0	2,450	7,000	12,600	18,000
	4	0	1,670	5,600	11,000	17,100
	5	0	930	4,500	9,700	15,600
	6	0	100	3,350	8,100	14,000
貯蓄	$60,000					
家計人数	3	0	2,450	8,050	13,600	19,600
	4	0	1,670	6,550	12,200	18,100
	5	0	930	5,300	10,800	16,700
	6	0	100	4,000	9,100	15,000
貯蓄	$12,000					
家計人数	3	0	2,450	11,400	17,000	23,000
	4	0	1,670	9,800	15,500	23,000
	5	0	930	8,200	14,100	20,000
	6	0	100	6,500	12,500	18,400

を用意している。**表14-4**はその1部である。この表は以下の四つの仮定に基づいている。①両親のいる家庭で、年齢が高い方の親が45歳 ②学生の所得が$2,300以下 ③学生に貯蓄がない ④家庭の中で1人だけが大学在学中。

この家計支出可能額の推計値の特徴は、その詳細な条件設定である。税引き前の所得水準は、9段階（表14-4ではそのうちの5段階を紹介）であり、所得ばかりでなく資産も9段階設定している（表14-4ではそのうち3段階を紹介）。さらに所得水準と資産水準は、家族構成人数によって区分される仕組みである。ここでは3人から6人までが設定されている。よって9×9×4＝324ケースが、それぞれ異なる大学教育費の家計支出可能額を設定されることになる。

表14-3で計算した大学総費用から表14-4の家計支出可能額を引くと**表14-5**のような必要援助額が出る。ここではジョージタウン大学（Georgetown University）を例にとって説明しよう。

表14-5　援助額と家計支出額の比較表

	Georgetown University	大学2	大学3
大学教育費総額	$38,242	$	$
援助			
給付奨学金	$18,140	$	$
ローン	$ 2,175	$	$
アルバイト	$ 3,200	$	$
援助合計	$23,515	$	$
家計支出可能額	$14,727	$	$
うち学生負担分	$	$	$
親負担分	$	$	$

　Georgetown Universityの大学教育費総額は、ガイドブックのProfileによれば、$38,242である。日本円で約400万円と一年間の学費としてはかなり高価である。ガイドブックに記された一年生の平均援助額を記入すると、給付が$18,140、ローンが$2,175、アルバイトが$3,200、合計で$23,515となる。よって大学教育費総額から合計援助額は引いた額が$14,727が家計からの持ち出しとなる。実際には、大学教育費総額と家計支出可能額が最初に決まり、その後援助パッケージが決まるというプロセスをとる。定価400万円が150万円の買い物となる。もちろんローンについては、後に返済しなければならない。しかし150万円ならば、支払うことが出来る家計は多くなる。

　学生援助の75％は、連邦政府の財源からなので、援助申請業務と決定は、議会と教育省が行う。申請書は無料連邦政府学生援助申請書(Free Application for Federal Student Aid: FAFSA)と呼ばれ、州政府奨学金や大学独自奨学金もこの申請書を利用している。この申請書は、各高校に準備され、ウエッブからでも入手できる(www.fafsa.ed.gov)。援助希望者はこの申請書を教育省に提出し、後に正確な家計支出可能額を含む援助情報を得る。これは学生援助報告(Student Aid Report: SAR)と呼ばれる。

　大学も教育省を通じて進学希望者からのFAFSAを受け取る。大学はそれに基づいて進学希望者の援助パッケージを作成し、大学入学が許可された進

学希望者に知らせる。それには連邦政府、州政府、大学、民間からの給付奨学金、ローン、学内アルバイトの組み合わせである。ガイドブックは、進学希望者に給付奨学金額、ローンの利率や返済期間、学内アルバイトの条件を確認することを薦めている。もし大学教育費総額が家計支出可能額と援助パッケージでカバーできるならば、進学準備は前進する。

　しかしもし大学教育費総額が大きすぎるなら、ガイドブックは進学希望大学の学生援助オフィスに追加援助が可能かどうか聞いてみることを薦めている。特に学費の高い私立大学は、学生を入学させたい傾向にあるはずだから、追加援助が可能かもしれないとしている。さらに他大学からのより良い条件の援助パッケージがあれば、それを進学希望大学に提出し、追加援助を引き出す方策も紹介している。

　ここでまだ大学教育費総額がカバーできないと、二つのオプションがあるとガイドブックはいう。一つは学費のより安価な大学に進学することである。もう一つは、さらにローンを組むことである。そのうちの一つは大学生の親用ローン（parental loan）の利用であり、これは一般に住宅や自動車用と同じで、長期ローンであるので、1年ごとの返済は比較的少ない。これには連邦政府のローン（the Federal Parent Loan for Undergraduate Students: PLUS）がある。または授業料支払い計画（tuition payment plan）の利用である。これは親用ローンと異なり授業料を1ヶ月ごとに分割して支払うための短期ローンである。

　さらにガイドブックは、ニードベース以外の援助についても紹介している。それはメリットベースの援助であり、ニードベースの資格のないものも応募できる。それはローンや仕事奨学金の自己負担を軽くするものである。しかし提供数は限りがあり、採用される確率が低いと警告している。獲得のため親のコネ、所属教会などを最大限に利用することを薦めている。またウェブの利用や高校のカウンセラーに相談することも大切としている。ニードベースの資格がないものは、利子補給のない連邦政府ローン（Federal Stafford and Direct Loans）がある。

　ガイドブックは子どもの大学教育費調達に10-4-10制を薦めている。これは10年間貯蓄して準備し、4年間在学中に年間所得から支払い、その後10

年間でローンを返済する「過去・現在・未来」の支払い計画である。貯蓄があると先に説明した家計支出可能額の計算で不利になるから、貯蓄を行わない家庭があるというが、それは誤りであるとしている。というのは家計支出可能額を算出する連邦政府の公式は、年間所得 $50,000 以下の家計の貯蓄について適用されないとしているからである。さらに住宅債券や退職年金のための貯蓄は除かれる。そして貯蓄が考慮されてもせいぜい5.6％であるので、$40,000貯蓄のある家計でも $2,240 だけ除かれるに過ぎない。

ローンの組み立て順位は、利子補給のある連邦政府ローン（Federal Stafford or Direct Loan）に資格があるかを問い、それは在学中には利子がかからない。その次に利子補給のない連邦政府ローンを探す。以上の学生用ローンでも足りないときは、親用ローンに当る。連邦政府は PLUS（the federal Parent Loans for Undergraduate Students）という親向けのローンを提供している。

5. まとめ

アメリカの大学教育費は、前世紀末より急速に上昇し、各家計にとって大きな買物となっている。1980年を100とすれば、2000年の大学授業料は、253.2であり、その間の家計所得の中間値は、100から121.7であるから授業料と所得の比は、100から208.1に上昇したことになる（Vedder, 2004, p.9）。しかし同時に政府の援助も増加し、高授業料高援助という形になっている。こ

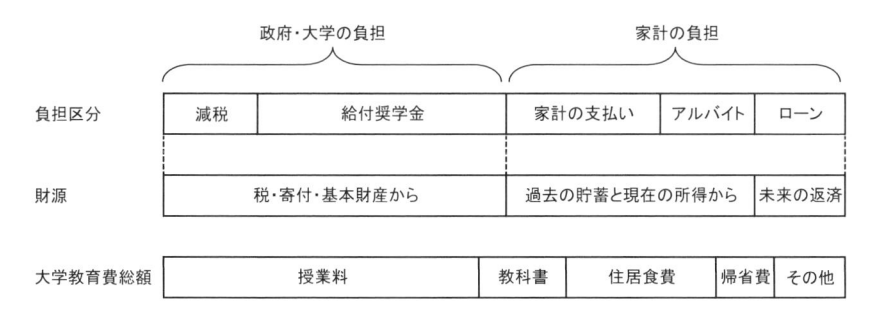

負担区分	政府・大学の負担		家計の負担		
	減税	給付奨学金	家計の支払い	アルバイト	ローン
財源	税・寄付・基本財産から		過去の貯蓄と現在の所得から		未来の返済
大学教育費総額	授業料		教科書	住居食費	帰省費	その他

図14-1　大学教育費の負担と財源

れを図式化すれば以下の**図14-1**のとおりであろう。図中のそれぞれのセルの大きさは大学ごと家計ごとに異なるが、先に示したGeorgetown Universityの場合であると、大学教育費総額のうち給付奨学金が47％、ローンとアルバイトの合計が14％であり残りの39％を家計が支払うという計算になる。

参考文献

阿曽沼明裕「国立大学における研究費補助のパターン変化」『高等教育研究』第2集　pp.135-155，1999年.
天野郁夫『日本の高等教育システム』東京大学出版会　2003年2月.
天野郁夫「国立大学論―格差構造と法人化―」『大学財務経営研究』第3号　pp.193-223，2006年.
天野智水「日本における公立大学の管理運営に関する研究」『高等教育研究』第2集　pp.157-175，1999年.
荒井克弘編『学校法人の研究―大学設置過程の分析―』東北大学大学院教育学研究科　2006年.
市川昭午『高等教育の変貌と財政』玉川大学出版部　2000年.
市川昭午「高等教育システムの変貌」『高等教育研究』第6集　pp.7-16，2003年.
市川昭午「ファンディングシステムの確立」教育学術新聞10月25日　2006年.
潮木守一「市場競争化の大学経営」『高等教育研究』第5集　pp.7-26，2002年.
大﨑仁「高等教育研究の視点」『高等教育研究』第1集　pp.47-62，1998年.
大﨑仁『大学改革1945～1999』有斐閣　1999年.
大﨑仁「国立大学法人の国際座標」『IDE現代の高等教育』2003年8・9月号　pp.23-28.
大槻達也「大学のファンディング・システムと私学助成」『IDE現代の高等教育』No.465　2004年11-12月号　pp.60-64.
鹿児島大学「鹿児島大学の地域社会に及ぼす経済効果に関する調査研究報告書」2008年3月.
金子元久「国立大学の授業料」『IDE現代の高等教育』No.361　1994年11-12月号　pp.26-33.
金子元久「高等教育研究のパースペクティブ」『高等教育研究』第1集　pp.63-79，1998年.
金子元久「評価主義の陥穽」『教育学年報―大学改革』世織書房　2002年　pp.71-94.
金子元久「大学の経営形態―日本の特質」『日中高等教育会議報告書』国立学校財務センター、東京大学大学総合教育センター　2003年11月.
絹川正吉「私立大学の組織・経営再考」『高等教育研究』第5集　pp.27-52，2002年.
黒羽亮一『戦後大学政策の展開』玉川大学出版部　1993年.
黒羽亮一『大学政策―改革への軌跡』玉川大学出版部　2002年.
合田隆史「国立大学法人の課題」『IDE現代の高等教育』2003年8-9月号　pp.12-17.
国立大学協会『21世紀日本と国立大学の役割』2005年3月.

国立大学財務・経営センター研究部『国立大学における資金の獲得・配分・利用状況に関する全国調査：中間報告書』2004年8月.

国立大学財務・経営センター『国立大学法人の財務・経営の実態に関する全国調査：中間報告書』2006年.

国立大学財務・経営センター『平成19年度版 国立大学の財務』2008年3月.

小林信一「知識社会の大学―教育・研究・組織の変容―」『高等教育研究』第4集 pp. 19-45, 2001年.

小林雅之「高等教育の多様化政策」『大学財務経営研究』第1号 pp. 53-67, 2004年.

芝田政之「英国における授業料・奨学金制度改革と我が国の課題」『大学財務経営研究』第3号 pp. 89-112, 2006年.

島一則「親と大学生の学生生活費負担に関する実証的研究」『高等教育研究』第2集 pp. 175-201, 1999年.

タイヒラー、U.「比較の視野から見た高等教育改革」『戦後高等教育の終焉と日本型高等教育のゆくえ』広島大学高等教育研究開発センター編 2003年9月 pp. 1-50.

濱中義隆、島一則「私立大学・短期大学における収支構造に関する実証的分析」『高等教育研究』第5集 pp. 155-180, 2002年.

本間政雄「国立大学の管理運営―現場から」『高等教育研究』第5集 pp. 67-85, 2002年.

丸山文裕『私立大学の財務と進学者』東信堂 1999年.

丸山文裕『私立大学の経営と教育』東信堂 2002年.

丸山文裕「国立大学法人の施設管理」平成15年度～平成18年度科学研究費補助金研究成果報告書『国立大学法人の財務・経営の実態に関する総合的研究』2007年3月 pp. 54-63.

水田健輔「国立大学におけるPFIの活用とその課題」『大学財務経営研究』第3号 pp. 39-58, 2006年.

両角亜希子「大学の組織・経営―アメリカにおける研究動向」『高等教育研究』第4集 pp. 157-175, 2001年.

矢野眞和「大学・知識・市場」『高等教育研究』第4集 pp. 7-18, 2001年.

山本清「国立大学法人の財務と評価」『大学財務経営研究』第1号 pp. 85-97, 2004年.

山本眞一「授業料値上げの政治過程」矢野眞和『高等教育費の費用負担に関する政策科学的研究』文部省科学研究費補助金研究成果報告書 1994年 pp. 39-54.

山本眞一「大学の組織・経営とそれを支える人材」『高等教育研究』第5集 pp. 87-108, 2002年.

渡部芳栄「学校法人「基本金」の研究―大学経営に果たした役割―」『高等教育研究』第9集 pp. 121-140, 2006年.

Trow, Martin マーチン・トロウ『高学歴社会の大学』東京大学出版会 1976年.

OECD教育調査団『日本の教育政策』朝日新聞社 1972年.

OECD/IMHE-HEFECE 高等教育機関の財政経営と管理プロジェクト報告書『大学経

営危機への対処―高等教育が存続可能な未来の確保』国立大学財務・経営センター訳　2005年6月.
OECD/IMHE-HEFECE　高等教育機関の財政経営と管理プロジェクト報告書『大学経営危機への対処―高等教育が存続可能な未来の確保　第2巻』国立大学財務・経営センター訳　2006年3月.
Barr, Nicholas. "Alternative Funding Resources for Higher Education" *The Economic Journal*, 1993, 103 (May), 718-728.
Ehrenberg, Ronald G. *Tuition Rising: Why College Costs So Much,* Harvard University Press, 2000.
Ehrenberg, Ronald G. *Governing Academia,* Cornel University Press, 2004.
Heller, Donald E. "State Support of Higher Education: Past, Present, and Future" in Priest, Douglas M. and Edward P. St. John. *Privatization and Public Universities*, Indiana University Press, 2006.
Keller, George. Transforming A College: *The Story of a Little-known College's Strategic Climb to National Distinction,* The John's Hopkins University Press, 2004.
OECD, Education at a Glance: OECD Indicator, 2006.
Priest, Douglas M. and Edward P. St. John, *Privatization and Public Universities,* Indiana University Press, 2006.
St. John, Edward P. and Michael D. Parsons. *Public Funding of Higher Education: Changing Contexts and New Rationales*, The Johns Hopkins University Press, 2004.
Vedder, Richard. *Going Broke by Degree: Why College Costs Too Much*, American Enterprise Institute, 2004.
Zumeta, William. "State Higher Education Financing: Demand Imperatives Meet Structural, Cyclical, Political Constraints" in St. John, Edward P. and Michael D. Parsons. *Public Funding of Higher Education: Changing Contexts and New Rationales,* The Johns Hopkins University Press, 2004.

あとがき

　本書は、筆者にとって三冊目の著作である。前二作は、椙山女学園大学に勤務している間に執筆し、内容も主に職場であった私立大学の財政と経営を扱った。その後2002年にそれまでお世話になった同大学から、国立大学の支援組織である国立大学財務・経営センターに移った。本書において、国立大学も検討の対象に加えたのは、職場が変わり、職務上国立大学の財務や経営の問題の検討にも入り込まなければならず、研究対象が広がったためだからである。

　以下に掲げるように、本書は2001年から最近まで著した論文や講演録をまとめたものである。当時行った予測や、変化の方向についての記述には、現在是非が判定できるものもある。その中には、幸運にも現在ではすでに筆者の示唆した方向で実施されている提案もある。しかし状況が変化し、提案自体に意味のなさないものも出ている。これについては、論文の前後関係から修正を行うには難しいものもあり、そのまま掲載した論文もある。その評価については読者に委ねたい。それにしても昨今の高等教育世界の早い変化には驚きを感じざるを得ない。

初出一覧

序章　「高等教育における財政と経営管理の研究」『高等教育研究』第10集　日本高等教育学会編　2005年5月　pp.83-95.

第1章　「高等教育への公財政支出」『大学財務経営研究』第4号　国立大学財務・経営センター　2007年8月　pp.21-34.

第2章　「高等教育のファンディングと大学の授業料」『大学財務経営研究』第2号　国立大学財務・経営センター　2005年8月　pp.29-39.　を一部修正した。

第3章　書下ろし

第4章　「日本の私立大学の財政構造」『大学時報』日本私立大学連盟　No.290　2003年5月　pp.32-37.

第5章　「国立大学法人化と私立大学」『高等教育研究紀要』第19号　高等教育研究所　2004年3月　pp.27-37.

第6章　「日本とスウェーデンの国立大学改革」『大学財務経営研究』第3号　国立大学財務・経営センター　2006年8月　pp.21-36.

附論1　「フィンランドの高等教育」『教育学術新聞』2007年2月7日.

附論2　「デンマークの高等教育の資金配分：タクシーメーター制」『教育学術新聞』2008年9月17日.

附論3　「ポルトガルの大学改革：拡大する高等教育人口への対応」『教育学術新聞』2007年5月9日.

第7章　「国立大学法人化後の授業料」『大学財務経営研究』第1号　国立大学財務・経営センター　2004年7月　pp.123-134. を一部修正した。

附論　「東大の授業料をめぐる動き：多様化と個性化が進行か」『教育学術新聞』2007年10月24日.

第8章　「大学の財政と経営：⑥私立大学を取り巻く環境と経営安定化・セーフティネット」『Between』No.218　2006年2-3月　pp.43-45. を一部修正した。

第9章　「大学経営・学生募集における学費戦略と奨学金」『職員研修会報告書』第10号　愛知県私大事務局長会　職員研究委員会　2003年1月　pp.35-47. を一部修正した。

第10章　「私学経営と授業料」『IDE 現代の高等教育』No.454　2003年11月号　民主教育協会　pp.17-21.

附論　「学校法人の資金調達」『財務センター季報』春号　国立学校財務センター　2003年5月.

第11章　「大学の財政と経営：④受験生・学生・卒業生に対する支援サービスを見直そう」『Between』No.216　2005年10-11月　pp.41-43. を一部修正した。

第12章　「大学の財政と経営：⑤米国の小さな大学の成功物語」『Between』

No. 217　2005年12-1月　pp. 43-45. および「アメリカの私立大学経営：明暗２つのケース」『月報私学』Vol. 117　2007年9月号を一部修正し、2論文を合わせた。
第13章　「アメリカの大学における基本財産管理」『IDE 現代の高等教育』No. 484　2006年10月号　IDE大学協会　pp. 59-65. を一部修正した。
附論　　「私学の資産を考える：自己資産の運用で蓄積増加を」『教育学術新聞』2001年7月18日.
第14章　「アメリカにおける家計の大学教育資金の調達」文部科学省先導的大学改革推進委託事業報告書『諸外国における奨学制度に関する調査研究及び奨学金事業の社会的効果に関する調査研究』東京大学　2007年3月　pp. 43-50.

　本書は筆者の高等教育財政と経営に関する三部作の最終作である。当初は3年ほど前に完成する予定であったが、筆者の怠惰のため計画が大幅に遅れた。しかし勿怪の幸いで、遅れた間に大学改革が予測できなかった方向に進み、特に国立大学法人化問題などが浮上した。高等教育の財政と経営を分析するならば、それらの動きを当然のことながら触れなければならず、それについての新たな知識の獲得も必要であった。結果としてそれらについて新たに勉強し直し、それらの分析を加えることができた。またこれまで以上に海外の大学を調査する機会に恵まれ、過去にそれほど紹介されてこなかった国の大学改革を分析に加えることができた。

　本著作を完成させるまでに多くの方々にご指導いただいた。お名前を挙げさせていただくと、国立大学財務・経営センターの遠藤昭雄理事長、芝田政之元理事（現文部科学省国際課長）、山本清研究部長、水田健輔准教授、石崎宏明元准教授（現文部科学省高等教育局私学部私学行政課）である。とりわけ文部科学省に関係しておられる方々には、筆者がこれまで知らなかった研究者以外の世界、大学行政・政策の実情、その他書物では学ぶことがなかったことに触れる機会を与えてくださり、厚くお礼を申し上げる。そして職場である国立大学財務・経営センターの業務を通じて、大学経営の実情をご教示く

ださり、お世話になった東京海洋大学の高井陸雄元学長、三重大学の豊田長康元学長(現三重大学学長顧問)、名古屋大学の平野眞一元学長(現大学評価・学位授与機構長)にも感謝の意を表したい。椙山女学園の椙山正弘先生をはじめ、前二著でお名前を挙げさせていただいた方には、今回ももちろん数々のアイディアを頂き、本書の参考にした。また東信堂の下田社長には、学会などでお会いするたびに研究の進展を尋ねて下さり、それが大いに励みになり、本書の完成に至った。同じく東信堂のスタッフの方々にも、前二著と同様の完成までお世話になり、記して謝意を表したい。

　　　東京ドームを望むオフィスにて　2009年5月

　　　　　　　　　　　　　　　　　　　　　　　　丸山　文裕

索　引

〔英字〕

any man any study	75
COE	6, 48, 156, 166
Ezra Cornell	75
GDP	21, 23, 35, 149, 193
Georgetown University	216
GP	6
OECD	12, 21, 88, 96, 103
Peterson's College Money Handbook	210
PFI	9, 34, 55, 145
sticker-price	209

〔ア行〕

アイデンティティ	182, 183, 186, 188
アカウンタビリティ	170, 200
アジア・ゲートウェイ戦略会議	50
アメニティ	164, 183
アメリカ	20, 46, 64, 128, 154
アルバイト	180
アンティオーク・カレッジ	189
イーレンバーグ	162
イエール大学	193, 194
イギリス	21, 46
育英主義	119, 151
委託研究	75
一律的平等的資金配分	34, 49
一般会計	79
イノベーション25戦略会議	50
異文化経験	184
インターンシップ	184
ウィスコンシン大学	65
ウィリアムカレッジ	202
運営費交付金	17, 18, 31, 37, 40–43, 48, 51, 56, 78, 80, 91, 120
営利型	81
営利大学	46
エイロン大学	142, 181
エリート段階	45, 144, 153
オーストラリア	20, 46
オーストリア	149
オーバーヘッド	5
オーフス大学	108
オープン・キャンパス	174, 183
小樽商科大学	74
親代わり主義	179
親用ローン	209

〔カ行〕

カートランド・カレッジ	195
ガイドブック	209, 213, 214
外部効果	125, 149, 150
外部資金	58, 114
科学技術基本計画	54, 55
科学研究費	6, 39, 48, 49, 75, 166
学生支援サービス	173
学生納付金収益比率	58, 136
学生の満足度	180
学生募集	164, 183
学長	10, 77, 81, 82, 94, 104, 113
学長裁量経費	40
学長のリーダーシップ	40
学費多様化	154
学費免除制度	38

学部別授業料	42, 152	競争的資源配分	33
家計支出可能額	211	競争的・重点的資金配分	34, 40, 49
家計負担	27, 28	ギリシャ	24
学校教育法	10, 73, 77, 117	金銭的利益	19
学校法人	76, 169	グローバル	72
学校法人会計基準	8, 78	クロニクル紙	187, 196, 202
カナダ	20	経営危機	63
株式会社大学	36, 144	経営協議会	94, 113
カレッジセクター	108	慶応大学	74
韓国	20	経済財政諮問会議	17, 50, 51
監事	82	経常費補助金	38, 80
間接経費	5, 6, 19, 48, 166	研究開発	123
機会均等	123, 131, 150, 151	権限委譲	85, 94, 97, 110
機関助成	37, 39, 68, 75	公財政支出	20–22, 25, 35, 68, 149
機関補助	7, 162	公財政負担	27
企業会計	56, 78	高等教育機会	134
擬似市場	80, 81	高等教育懇談会	29
規制改革会議	17, 50	高等教育在学者数	12
規制緩和	72	高等教育投資	18, 20, 22
基盤的経費	33, 49	交付金依存度	57
寄付キャンペーン	186, 197, 198	コーネル大学	75
基本金	131	国際学力調査（PISA）	103
基本財産	62, 63, 65, 67, 164, 182, 185, 193	国際競争	113
		国際競争力	17, 26, 71, 108
教育経費	58, 162	国民生活金融公庫	46
教育研究経費比率	161	国有地付与大学	65
教育研究高度化推進特別補助	38	国立学校設置法	10
教育研究費	48	国立学校特別会計	29, 53, 56, 74, 79, 92, 149
教育減税	34	国立大学会計基準	8
教育公務員特例法	10	国立大学協会	17, 47, 51, 119, 120, 135, 152
教育再生会議	17, 31, 49		
教育振興基本計画	17, 51	国立大学財務・経営センター	11, 52, 55
標準額	40, 134	国立大学等施設緊急整備5か年計画	54, 55
行政改革	71		
行政機関の一部	88, 97, 105	国立大学法人化	71, 82, 85
競争的資金	49, 50, 184	国立大学法人会計基準	78, 129
競争的資金配分	39, 166		

索引 227

国立大学法人評価委員会	81-83, 86, 89	18歳人口	139
国立大学法人法	10	18歳人口減少	3, 61, 71, 72, 106, 117, 171
個人助成	37, 39, 162	受益者負担	118, 126, 127
個人配分方式	5, 6, 8	授業料	163
個人補助	7	授業料低廉化	120, 124, 150, 152
国家施設型	81, 118	授業料低廉化政策	6, 119
国家の須要に応ずる	62, 77, 119	奨学金	154
コミュニティ・カレッジ	179, 182	奨学費比率	136
		上智大学	200
		消費	18

〔サ行〕

財政制度審議会	120, 152	消費者契約法	163
財政制度等審議会	51	情報提供	174
再編統合	48	ジョージタウン大学（Georgetown University）	212
財務諸表	117, 161, 164		
産学連携	11	所得控除	34
私学化	72	所得再分配	125
私学助成	64, 68, 149	ジョンズ・ホプキンス大学	195
私学振興助成法	18, 36	私立学校振興助成法	29, 127
資金調達者（ファンド・レーザー）	65	私立学校法	10
自己点検・評価	71	私立大学協会	18
仕事学習プログラム	208	私立大学団体連合会	17
資産運用	193	私立大学等経常費補助金	48
資産運用収入	64, 203	進学率	25, 28, 139, 140
市場化	3, 72	人件費依存率	161
市場原理	73	人材育成	133
市場メカニズム	72	人材養成	123, 151
施設整備費	9, 38, 52, 55, 105	スウェーデン	88, 92, 95, 96, 106
施設整備費補助金	48, 56, 78, 93	椙山女学園大学	200
施設設備費	29, 43, 163	スタッフ・デベロップメント	146
私大経常費補助金	74	スタフォード・ダイレクト・ローン	209
私大助成	126	スタンフォード大学	197
実験実習費	163	ステイクホルダー	117, 156, 162, 163, 176, 199
島根大学	153		
事務局長	113	ステート・カレッジ	179
社会的公正	35	スペイン	24
ジャクソン学長	188	スワスモア・カレッジ	190
授業料収入	61	税額控除	209

成果主義	110	退職手当	48
政策評価・独立行政法人評価委員会	90	大都市抑制策	64, 128
政府財政支出の削減	71	貸与奨学金	45
政府補助	164	タクシーメーター制	110
政府立型	81	単位費用	129
セーフティネット	148	中央教育審議会	7, 17, 33, 48, 118
設置基準の大綱化	71, 76	中期目標	86
設置形態	9, 36	中期目標・計画	41, 82, 89, 134, 142
設置者	73	長期優先債務格付け	165
設置者負担主義	118	直接経費	19
説明責任	71, 161	帝国大学	118
ゼムスキー	178-180	帝国大学令	62, 76, 119, 151
セレンディピティ	88	デキンソン・カレッジ	195
潜在的カリキュラム	144	デンマーク	106, 108
選択と集中	50, 51, 59	デンマーク工科大学	111
総合科学技術会議	50	ドイツ	21, 149
総負債比率	161	東京大学	133
ソフトランディング	148	東京電機大学	155
		東京農工大	156
		投資	18

〔タ行〕

		同窓会	38, 176, 177
ターク大学	104	特定運営費交付金	78, 121
第一号基本金	203, 205	特別教育研究経費	49, 54
大学院博士課程	47	独立行政法人	71
大学基金管理統一法	199	トランシルバニア大学	196
大学基準協会	156, 169	トルコ	24
大学教育の利益	142	トレードオフ	ii, 66, 128
大学教育費	207		
大学審議会答申	166		

〔ナ行〕

大学の自治	104, 113	内部補助方式	62
大学配分方式	4, 6, 8	名古屋大学	201
大学評価	72, 164, 165	ニードベース	67, 131, 155, 210, 211, 214
大学評価・学位授与機構	90, 156, 169	日本学術振興会	48
大学分類	57	日本学生支援機構	6, 38, 46, 48, 133, 174
退学率	109	日本高等教育評価機構	156
大学令	76, 118, 151	日本私立学校振興・共済事業団	38, 147,
第三号基本金	201, 204, 205		161, 163, 165, 168, 181
第三者評価	83, 156, 165		

索引 229

日本私立大学協会	156
日本大学	74
ニュー・パブリック・マネージメント	85
入学金	163
入学定員	109
入学難易度	154
ニューヨーク州立大学	194
ノースカロライナ大学	182

〔ハ行〕

パーキンズ・ローン	208
ハーバード・カレッジ	187
バウチャー制	5
萩国際大学	181
ハミルトン・カレッジ	196
非金銭的利益	19
ビシアスサイクル	122
病院関係経費	48
評議会	104, 113, 161
標準運営費交付金	78, 121
標準額	41, 134
標準的運営費交付金	91
ファンディング	7, 33, 34, 48, 50, 105, 114, 140
フィンランド	103
フォーミュラ	114
福祉国家	103
フランス	21
プロジェクト助成	37
プロジェクト補助	39
ブロック・グラント	91, 93, 110
ペル奨学金	208
ヘルシンキ工科大学	104
便益	19
ホイーロック・カレッジ	196
奉仕活動	184
法人型	81

法政大学	168
北欧	149
補助奨学金	208
北海道大学	153
ポリシー	153
ポリテクニク	104, 112
ホレース・マン	190
ボローニア・プロセス	115

〔マ行〕

マサチューセッツ工科大学	188
マス化	10
マス段階	45, 144
ミシガン州立大学	65
ミッション	76, 79, 80, 144, 153
ミッション・インポッシブル	88
民営化	72
無料連邦政府学生援助申請書	213
室蘭工業大学	74
メダリオン大学	178
メリットベース	66, 131, 155, 214
目標管理	79, 85, 111
文部科学省	76, 147, 169
文部科学大臣	77, 82

〔ヤ行〕

安上がりモデル	63, 64
山口大学	153
ユニバーサル段階	11, 46, 144, 149, 153
ユニバーシティ・カレッジ	88

〔ラ行〕

ランド・グラント・カレッジ	74, 75
リーダーシップ	184
リード・カレッジ	190
理事会	10, 113, 161
リスボン新大学	112

リスボン大学	112	レンセラー・ポリテクニク大学	187
立命館アジア太平洋大学	155	連邦政府公式	211
リノベーション	186	労働基準法	95
リベラルアーツ	146, 195		
臨時教育審議会	30	〔ワ行〕	
臨時行政改革推進審議会	120	早稲田大学	74, 165
臨時行政調査会	29, 30, 120	渡し切り	78

著者紹介

丸山　文裕（まるやま　ふみひろ）
1981年、名古屋大学大学院教育学研究科博士課程後期修了。1983年、ミシガン州立大学教育学大学院修了（Ph.D.）。現在、国立大学財務・経営センター研究部教授。

主要著書

『私立大学の経営と教育』（東信堂、2002年）、『私立大学の財務と進学者』（東信堂、1999年）、ほか。

The Finance and Management of Universities in Japan

大学の財政と経営　　　定価はカバーに表示してあります。

2009年7月30日　　初　版第1刷発行　　　　　　　　〔検印省略〕

著者Ⓒ丸山文裕／発行者　下田勝司　　　印刷・製本／中央精版印刷

東京都文京区向丘1-20-6　　郵便振替00110-6-37828　　　　　発　行　所
〒 113-0023　TEL (03) 3818-5521　FAX (03) 3818-5514　　株式会社　東　信　堂
Published by TOSHINDO PUBLISHING CO., LTD.
1-20-6, Mukougaoka, Bunkyo-ku, Tokyo, 113-0023 Japan
E-mail : tk203444@fsinet.or.jp　http://www.toshindo-pub.com

ISBN978-4-88713-926-8　C3037　Ⓒ Maruyama Fumihiro

東信堂

大学再生への具体像	潮木守一	二五〇〇円
フンボルト理念の終焉?――現代大学の新次元	潮木守一	二五〇〇円
いくさの響きを聞きながら――横須賀そしてベルリン	潮木守一	二五〇〇円
国立大学・法人化の行方――自立と格差のはざまで	天野郁夫	三六〇〇円
私立大学マネジメント	(社)私立大学連盟編	四七〇〇円
大学のイノベーション――経営学と企業改革から学んだこと	坂本和一	二六〇〇円
30年後を展望する中規模大学	市川太一	二五〇〇円
大学行政論Ⅰ――マネジメント・学習支援・連携	伊藤昇編	二三〇〇円
大学行政論Ⅱ	伊藤昇編	二三〇〇円
もうひとつの教養教育――職員による教育プログラムの開発	近森節子編	二三〇〇円
政策立案の「技法」――職員による大学行政政策論集	近森節子編著	二三〇〇円
大学の管理運営改革――日本の行方と諸外国の動向	江原武一編著	二五〇〇円
教員養成学の誕生――弘前大学教育学部の挑戦	杉原真晃編著	三六〇〇円
改めて「大学制度とは何か」を問う	遠藤孝夫編著	三二〇〇円
戦後日本産業界の大学教育要求――経済団体の教育言説と現代の教養論	福島裕敏編著	一〇〇〇円
現代アメリカのコミュニティ・カレッジ	舘昭	一〇〇〇円
戦後アメリカ大学教育改革――その実像と変革の軌跡	舘昭	五四〇〇円
アメリカ連邦政府による大学生経済支援政策	飯吉弘子著	三八一〇円
戦後オーストラリアの高等教育改革研究	宇佐見忠雄	二三〇〇円
大学教育とジェンダー――ジェンダーはアメリカの大学をどう変革したか	犬塚典子	三八〇〇円
アメリカの女性大学：危機の構造	杉本和弘	五八〇〇円
	ホーン川嶋瑤子	三六〇〇円
[講座「21世紀の大学・高等教育を考える」]	坂本辰朗	二四〇〇円
大学改革の現在 [第1巻]	有本章編著	三二〇〇円
大学評価の展開 [第2巻]	山野井敦徳編著	三二〇〇円
学士課程教育の改革 [第3巻]	清水一彦編著	三二〇〇円
大学院の改革 [第4巻]	絹川正吉編著	三二〇〇円
	舘昭編著	三二〇〇円
	江原武一編著	三二〇〇円
	馬越徹編著	三二〇〇円

〒113-0023　東京都文京区向丘1-20-6　TEL 03-3818-5521　FAX03-3818-5514　振替 00110-6-37828
Email tk203444@fsinet.or.jp　URL:http://www.toshindo-pub.com/

※定価：表示価格（本体）＋税

東信堂

大学の自己変革とオートノミー—点検から創造へ	寺﨑昌男	二五〇〇円
大学教育の創造—歴史・システム・カリキュラム	寺﨑昌男	二五〇〇円
大学教育の可能性—教養教育・評価・実践	寺﨑昌男	二五〇〇円
大学は歴史の思想で変わる—FD・評価・私学	寺﨑昌男	二八〇〇円
大学改革 その先を読む	寺﨑昌男	一三〇〇円
大学教育の思想—学士課程教育のデザイン	絹川正吉	二八〇〇円
あたらしい教養教育をめざして—大学教育学会25年の歩み：未来への提言	大学教育学会25年史編纂委員会編	二九〇〇円
現代大学教育論—学生・授業・実施組織	山内乾史	二八〇〇円
大学における書く力考える力	井下千以子	三二〇〇円
ティーチング・ポートフォリオ—授業改善の秘訣	土持ゲーリー法一	二〇〇〇円
ラーニング・ポートフォリオ—学習改善の秘訣	土持ゲーリー法一	二五〇〇円
津軽学—歴史と文化	弘前大学21世紀教育センター・土持ゲーリー法一編著	二〇〇〇円
IT時代の教育プロ養成戦略—日本初のeラーニング専門家養成ネット大学院の挑戦	大森不二雄編	二六〇〇円
資料で読み解く南原繁と戦後教育改革	山口周三	二八〇〇円
大学教育を科学する—学生の教育評価の国際比較	山田礼子編著	三六〇〇円
一年次（導入）教育の日米比較	山田礼子	二八〇〇円
大学の授業	宇佐美寛	二五〇〇円
大学授業の病理—FD批判	宇佐美寛	一五〇〇円
授業研究の病理	宇佐美寛	一五〇〇円
大学授業入門	宇佐美寛	一六〇〇円
作文の論理—〈わかる文章〉の仕組み	宇佐美寛編著	一九〇〇円
学生の学びを支援する大学教育	溝上慎一編	二四〇〇円
大学教授職とFD—アメリカと日本	有本章	三二〇〇円

〒113-0023　東京都文京区向丘1-20-6　TEL 03-3818-5521　FAX 03-3818-5514　振替 00110-6-37828
Email tk203444@fsinet.or.jp　URL:http://www.toshindo-pub.com/

※定価：表示価格（本体）＋税

東信堂

グローバル化と知的様式——社会科学方法論についての七つのエッセー ポストコロニアルな地球市民の社会学へ	J・ガルトゥング 大矢 重光 訳 澤修太次郎	二八〇〇円
社会学の射程	庄司 興吉	三二〇〇円
社会階層と集団形成の変容——集合行為と「物象化」のメカニズム	丹辺 宣彦	六五〇〇円
世界システムの新世紀——グローバル化とマレーシア	山田 信行	三六〇〇円
階級・ジェンダー・再生産——現代資本主義社会の存続メカニズム	橋本 健二	三二〇〇円
現代日本の階級構造——理論・方法・計量分析	橋本 健二	四五〇〇円
人間諸科学の形成と制度化——社会諸科学との比較研究	長谷川 幸一	三八〇〇円
現代社会と権威主義——フランクフルト学派権威論の再構成	保坂 稔	三六〇〇円
現代社会における歴史と批判(上巻) グローバル化の社会学	山田 信吾編 武川 正行	二八〇〇円
現代社会学における歴史と批判(下巻) 近代資本体制と主体性	丹桐 宣彦編 片辺 新自	二八〇〇円
近代化のフィールドワーク——断片化する世界で等身大に生きる	作道 信介編	二〇〇〇円
自立支援の実践知——阪神・淡路大震災と共同・市民社会	似田貝香門編	三八〇〇円
[改訂版]ボランティア活動の論理——ボランタリズムとサブシステンス	西山 志保	三六〇〇円
貨幣の社会学——経済社会学への招待	森 元孝	一八〇〇円
市民力による知の創造と発展——身近な環境に関する市民研究の持続的展開	萩原 なつ子	三二〇〇円
情報・メディア・教育の社会学	井口 博充	二三〇〇円
BBCイギリス放送協会(第二版)——社会学的探求	松浦 雄介	二五〇〇円
カルチュラル・スタディーズしてみませんか?	簑葉 信弘	二五〇〇円
記憶の不確定性——アルフレッド・シュッツにおける他者・リアリティ・超越	李 晟台	三六〇〇円
日常という審級		
日本の社会参加仏教——法音寺と立正佼成会の社会活動と社会倫理	ランジャナ・ムコパディヤヤ	四七六二円
現代タイにおける仏教運動——タンマガーイ式瞑想とタイ社会の変容	矢野 秀武	五六〇〇円

〒113-0023 東京都文京区向丘1-20-6
TEL 03-3818-5521 FAX 03-3818-5514 振替 00110-6-37828
Email tk203444@fsinet.or.jp URL:http://www.toshindo-pub.com/

※定価:表示価格(本体)+税